高校思想政治
理论课教学方法的优化探索

曲　娟　师秀芳　吕树强　著

北方文艺出版社
·哈尔滨·

图书在版编目（CIP）数据

高校思想政治理论课教学方法的优化探索 / 曲娟，师秀芳，吕树强著. 哈尔滨 : 北方文艺出版社，2022.10

ISBN 978-7-5317-5737-5

Ⅰ. ①高… Ⅱ. ①曲… ②师… ③吕… Ⅲ. ①高等学校－思想政治教育－教学研究－中国 Ⅳ. ①G641

中国版本图书馆 CIP 数据核字 (2022) 第 201925 号

高校思想政治理论课教学方法的优化探索

GAOXIAO SIXIANG ZHENGZHI LILUNKE JIAOXUE FANGFA DE YOUHUA TANSUO

作　　者/曲　娟　师秀芳　吕树强

责任编辑/富翔强　　**封面设计**/文　亮

出版发行/北方文艺出版社　　**邮　　编**/150008

发行电话/（0451）86825533　　**经　　销**/新华书店

地　　址/哈尔滨市南岗区宣庆小区 1 号楼　　**网　　址**/www.bfwy.com

印　　刷/廊坊市广阳区九洲印刷厂　　**开　　本**/880mm×1230mm　1/16

字　　数/170 千　　**印　　张**/7.75

版　　次/2022 年 10 月第 1 版　　**印　　次**/2022 年 10 月第 1 次印刷

书　　号/ISBN 978-7-5317-5737-5　　**定　　价**/68.00 元

前　言

高校思想政治理论课是对大学生进行思想政治教育的主要途径，在帮助大学生树立正确的世界观、人生观、价值观方面发挥着积极的作用。随着时代的进步、国内外形势的变化、互联网络的传播，社会呈现出多元化的发展趋势。大学生的思维方式、学习方式和接收信息的途径都在发生着变化。这就要求高校思想政治理论课要跟上时代发展的步伐，教师在教学过程中不断创新和改革，积极探索出一套行之有效的、新颖的教学方法，努力使之在思想政治理论课的教学中发挥出最大的效应。

思想政治理论课教学是高校对大学生实施思想政治教育的主要手段，也是高校贯彻落实党中央思想政治路线的重要方式，有利于培养学生正确的情感态度与价值观。当前多数高校都已开设思想政治理论课，并不断地深入研究此课程的教学方法，尝试采取多元化的教学手段，以提高此课程的课堂教学效率，充分发挥此课程的教育作用，做好大学生的思想政治教育工作。

大学生是我国实施社会主义现代化建设的重要储备力量，是我国未来发展的重要人才资源，其思想政治素质的高低，直接影响着党建与社会发展。高校是大学生学习新知识、接受新思想的重要基地，在实施思想政治理论课教学的过程中，教师所传授的不仅有关于学生人生思想教育的知识，还有关于国家与党的指导思想知识，是对大学生精神方面的教育，有利于学生德、智、体、美、劳的全面发展。

当前，多数高校实施思想政治理论课教学仍是采取传统的“教师讲，学生听”的方法，教师在课堂上讲，学生在课堂中听、记，教学方法过于单一，且其为单向式教学模式，虽可确保教学活动的顺利开展，但课堂上师生的互动性较差，学生的学习积极性不高，导致学生的学习效率偏低，无法很好地实现高校思想政治理论课的教学目标。虽然部分高校已引进多媒体技术，有效地吸引了学生的注意力，但多媒体教学的形式相对简单，且多为提纲式教学，若学生未进行预习或预习不到位，在课堂上是无法跟上教师节奏的，这非常不利于学生对知识的消化与吸收，部分学生甚至还会因为无法跟上教师的节奏而自暴自弃。

本书的主要内容包括高校思想政治理论课教学理论研究、高校学生思想政治理论课教学模式优化、高校思想政治理论课教学方法研究、当代大学生思想政治教育的学科经验借鉴、当代大学生思想政治课教学创新研究等。由于笔者水平有限，时间仓促，书中不足之处在所难免，望各位读者、专家不吝赐教。

前言

目　录

第一章　高校思想政治理论课教学理论研究

第一节　高校思想政治理论课教学重要论述

高校思想政治理论课教学的重要论述，对高校思想政治理论课教学的发展和创新具有重要价值：进一步确立和巩固了高校思想政治理论课的教学地位，进一步充实和凝练了高校思想政治理论课的教学内容，进一步归纳和整合了高校思想政治理论课的教学方法，进一步强调和关注了高校思想政治理论课的教师素质。这些重要论述是我们进一步深化高校思想政治理论课教学发展与改革的科学指南及根本遵循。

在全国宣传思想政治工作会议、全国高校思想政治工作会议、全国教育大会等一系列重要会议精神内容中，多次涉及高校思想政治教育问题，且观点鲜明、内涵丰富、说理透彻，为高校思想政治理论课教学的创新发展提供了实践指导。特别是在 2019 年 3 月 18 日学校思想政治理论课教师座谈会上，突出强调思想政治理论课作为高校立德树人的关键课程，要从根本上落实党的教育方针，解决好培养什么人、怎样培养人、为谁培养人的根本问题，充分体现了我国新时期新阶段对高校思想政治理论课的重要地位和关键内容的重要论断。纵观这些论述，它们的重要价值主要体现在以下几个方面。

一、进一步确立和巩固了高校思想政治理论课的教学地位

在新的社会历史背景下，面对世情、国情、党情的深刻变化，我国社会发展已进入新的历史时期，社会主要矛盾也发生了深刻转变，人们的思想问题层出不穷，思想政治教育的地位和作用日益凸显出来，而高校作为人才培养和主流价值观念倡导的主阵地，高校思想政治理论课教学地位尤为突出。高校思想政治理论课，最根本的就是要全面贯彻落实党的教育方针，深刻地揭示高校思想政治理论课对培养社会主义建设者、接班人的重要性，也诠释出了高校思想政治理论课教学的关键任务和重要目标。

思想政治理论课作为实现高校立德树人根本目标的关键性课程，也是新时代背景下铸魂育人的重要课程。因此，面对当前国内外发展局势，多种社会思潮、思想文化纷繁复杂，互联网飞速发展，不断冲击和解构马克思主义的指导地位，同时也影响着青年学生价值观的确立，我们必须立足中华民族的千秋伟业和中国特色社会主义事业的长远发展，办好思

想政治理论课，坚持马克思主义理论的指导地位，坚持社会主义核心价值观，弘扬社会主义先进文化，引导学生坚定“四个自信”，激励学生把爱国情、强国志自觉融入建设社会主义现代化强国的实践之中，为中国梦的实现注入青春活力。这有利于我们从更加宏观、更加长远、更加广阔的视角认识思想政治理论课教学的地位和作用，使之成为具有中国特色社会主义的骨干课程。

二、进一步充实和凝练了高校思想政治理论课的教学内容

在高校思想政治理论课教学过程中，教学内容对思想政治理论课教学效果起着至关重要的作用。学校思想政治理论课教师座谈会上指出，为了更好地推动思想政治理论课的改革与创新，需要不断提高思政课的思想性、理论性、亲和力、针对性。坚持政治性与学理性相统一，用透彻的学理分析引导学生，用彻底的思想理论教育学生，用真理的强大力量引导学生。坚持价值性与知识性相统一，寓价值观引导于知识传授之中。坚持建设性与批判性相统一，强化主流意识形态，批判各种错误观点和思潮，充分体现丰富思想政治理论课教学内容对其科学性、针对性、时代性的要求。

（一）思想政治理论课教学内容要以马克思主义理论为指导思想和理论基础

一段时间以来，因外部社会环境的影响，部分党员同志及任课教师放松了对马克思主义理论的学习，也放松了对青年学生马克思主义理论内容的教育，导致部分青年学生思想上出现困惑及混淆。而改善这些现象的重要途径，就是不断加强马克思主义理论教育，通过不断学习和掌握马克思主义的立场、观点、理论及方法，引导青年学生将课堂教学内容融入现实生活中。党的思想政治教育取得成功的关键是“坚持不懈传播马克思主义理论，抓好马克思主义理论教育，为学生一生成长奠定科学的思想基础”。在丰富和发展高校思想政治理论课教学内容时，我党始终坚持以马克思主义和马克思主义中国化的理论成果为导向，确保其在内容体系中的核心作用和导向作用。在教学实践中，要把马克思主义理论作为高校思想政治理论课教学的重要内容，就必须加强马克思主义对青年学生三观的影响。

（二）高校思想政治理论课教学内容要以社会主义核心价值观为重要支撑

“核心价值观，承载着一个民族、一个国家的精神追求，体现着一个社会评判是非曲直的价值标准。”随着各国经济和文化实力的竞争、国家间意识形态的激烈碰撞，西方意识形态和价值观念流入中国，对我国主流意识形态形成威胁；此外，全球化浪潮的强烈冲击、市场经济发展面临的困境、互联网时代的价值挑战，以及多元文化交织引发的价值选择困惑，使得社会主义核心价值观的作用日益凸显。因此，要迎接这些挑战和解决学生的困惑，高校思想政治理论课就要加强社会主义核心价值观内容的教育；要“用社会主义核心价值观教育学生，引导他们扣好人生的第一粒扣子”；要把社会主义核心价值观作为思政课教学的红线和主线，不仅夯实和创新高校思想政治理论课的教学内容，同时也深化大学生思想政治教育的理论建构，使其内化于心、外化于行，成为衡量自我社会行为的标准，在学生内心形成坚定的理想信仰，从而推动整个社会精神文明水准的提高。

（三）思想政治理论课教学内容必须具有时代性、亲和力和针对性

“发展21世纪马克思主义、当代中国马克思主义，必须立足中国、放眼世界，保持与时俱进的理论品格。”与时俱进是马克思主义理论的重要品质，随着改革的不断深入和社会实践的发展，思想政治理论课教学内容必须与时代发展紧密相连，需要将马克思主义中国化的最新成果融入思政课教学内容中，使得教学内容体现时代主题，展现时代精神，构建一整套真正反映新时代思政课最新研究成果的教材体系。用马克思主义中国化的最新理论成果诠释社会热点和痛点，回答学生关心关注的理论难点和社会焦点等问题，激发学生的时代责任感和与时俱进的精神，使得思想政治理论课教学既彰显思想性又体现时代性，既突出严肃性又展现活泼性，从而培养有时代担当的社会新人。

三、进一步归纳和整合了高校思想政治理论课的教学方法

教学方法是高校思想政治理论课常谈常新的问题，思想政治理论课教学必须遵循思想政治工作规律、教书育人规律、学生成长规律，才能实现因事而化、因时而进、因势而新的目标。

（一）道德文化熏陶法

在教学实践中，教育者可深入挖掘传统优秀文化，引经据典，合理运用《论语》《道德经》以及优秀典籍著作丰富思想政治理论课内容，还可以利用古代先贤圣人事迹，借助漫画、歌剧、话剧、戏曲等多样的文化形式，以及互联网、移动媒体等人们喜闻乐见的方式，丰富思想政治理论课的教学方法和形式，达到以文化人、以文育人的教育效果。思想政治理论课教学应扎根传统文化和历史发展故事，从传统的道德文化中寻找答案，从而使青年学生见贤思齐，在道德文化的感召下受到潜移默化地熏陶和感染。同时应善于把弘扬优秀传统文化与创新发展现实文化有机统一起来，紧密结合，努力实现在继承中发展，在发展中继承的重要目标。

（二）读书学习法与实践教育法相结合

读书学习的方法能够帮助受教育对象掌握先进的理论与思想，接受理论思想的熏陶与洗礼；实践教育法则可以使受教育者把先进的理论思想，转化为实践行动及物质力量，从而提高受教育者的理论水平和文化自信。首先，教育者应当在思想政治理论课教学过程中，激发受教育者的读书积极性，使其感受读书的乐趣，并通过读书分享会等实践方式，分享读书心得、推荐优秀读物，让青年学生在读书学习的过程中掌握社会发展规律、社会发展动态以及党的政策方针和相关内容。其次，思想政治理论课教学方法还需要把握实践教学的重要地位。“一切学习都不是为学而学，学习的目的全在于应用。”学习要做到“内化于心、外化于行”，在实践中求真知、悟真谛。

（三）显性教育与隐性教育相结合的方法

显性教育和隐性教育在思想政治理论课教学过程中的重要性是显而易见的。显性教育方式多呈现外显性、直接性、组织性和计划性等特点，隐性教育方式多呈现间接性、隐蔽性和灵活性等特点。思想政治理论课教学应该从改革创新的角度，挖掘其他课程和教学方式中蕴含的思想政治教育资源，将主渠道教学与其他日常思想政治教育相结合，思政课程和课程思政相一致，课堂内外、线上线下相融合，形成合力教育教学的良好局面。同时，在教学过程中，思政课教学需通过战略性地布局和规划、具体的教学设计，切实加强和提高隐性教育的“比例”，让学生在“无意识”中接受教育。高校应把立德树人作为中心环节，利用好课堂教学的主渠道，坚持使思想政治理论课在改进中加强，提升思想政治教育的亲和力、针对性，从而更好地满足学生成长发展的需求与期待。

四、进一步强调和关注了高校思想政治理论课的教师素质

思想政治理论课教师座谈会上强调，思想政治理论课的发展，关键在教师，应当充分发挥教师的积极性、主动性和创造性。用“可信、可敬、可靠，乐为、敢为、有为”肯定了思想政治理论课教师队伍，又提出了思政课教师“政治要强”“情怀要深”“思维要新”“视野要广”“自律要严”“人格要正”的六点要求。当前，尤其要重点关注思政理论课教师以下三个方面的素质。

（一）守正

科学推进马克思主义理论教育，真正让高校思政课教学“实”起来。高校思想政治理论课作为大学生掌握和学习马克思主义理论教育的主渠道，以及落实立德树人的核心课程，始终聚焦认知、能力和情感三维育人目标，高校思政课教师要坚持马克思主义理论的主导思想，全面贯彻党的教育方针，传播马克思主义科学理论，做好马克思主义教育工作。而做好这一切的前提就是教师自己要真学、真懂、真信、真用马克思主义。同时，广大思政课教师在教学工作中，还要以马克思主义理论研究和建设工程统编教材为基本指针，根据学生的不同特点，以个性化的风格，引导学生从理论学术层面去探究教材中的系列问题，通过批判性和建设性的学术思维锻炼，引导学生认同教材的重点判断与命题，进而使得学生从更深层的理论内涵中把握教材内容，从而达到对理论体系的系统建构。教师要敢于和善于打破框架、汇聚新意、挖掘亮点，运用更多接地气、贴近学生的方式来传授马克思主义理论知识，对于历史虚无主义、极端个人主义、文化复古主义等错误观点、错误思潮的影响，思政课教师必须深刻剖析和批判，引导学生坚定理想信念、树立正确的价值观念。

（二）创新

思政课教学要坚持“八个相统一”，不断增强思政课的思想性、理论性、亲和力和针对性。为此，思政课教师要按照创新发展的总要求，了解学生的所思所想，运用辩证唯物

主义和历史唯物主义思想，创新课堂教学。教师应当准确地把握学生的思想共鸣点、情感出发点、理论渴望点、学习困惑点，推进教学方法和教学方式的双重创新。思政课教师要充分利用现代教学方法，综合运用研究式、辩论式、实践式等教学方法，把历史观、价值观、国情观、现实观等有机融合在课堂教学实践中，积极调动广大学生学习思政课的兴趣和热情。教师要善于运用互联网和大数据等网络手段，丰富线上线下教育渠道和教育载体，将传统教育方式同信息技术高度融合，建设时时处处触手可及的网络空间教育，增强思政课堂的时代感和吸引力，使得学生真正有所思、有所获。

（三）自强

切实推进思政课教师的队伍建设，真正让高校思政课教学“强”起来。而要想让思政课强起来，首先思政课教师自身必须强起来。思想政治理论课教师是高校教师队伍中的一支重要力量，是思政课教学目标和教学效果实现优化目标的人才保障，是马克思主义理论知识的传授者、信仰的引领者，以及思想疑惑的解答者，是党最新理论思想、方针政策的宣讲者，是大学生健康成长的指导者和引路人。

教师队伍的强大和素质的提升对思政课教学质量的提高起着至关重要的作用，因此，思政课教师队伍应当具备过硬的马克思主义理论素养，以坚定的政治立场、高尚的师德师风、娴熟的育德能力严格要求自己。各高校也要以新时代的指导思想为引领，打造一支“又红又专”的高校思政课教师队伍，注重汇聚一流的人才资源，形成马克思主义理论学科可持续发展的澎湃动力，实现高校思想政治理论课教学“强效”目标。

第二节 劳模精神与高校思想政治理论课教学

高校是对大学生进行马克思主义意识形态教育的主阵地。各行各业中涌现出的劳动模范是时代的领跑者，是全社会学习的楷模。劳动模范身上体现出来的精神，代表着时代的价值观、道德观和精神风貌，展示了中华民族顽强拼搏、自强不息的崇高品格，体现了我们伟大的民族能够与时俱进、开拓创新的精神风貌。将劳模精神贯穿于高校思想政治理论课教学中，是对大学生进行社会主义核心价值观教育的必然要求。

在社会主义核心价值观教育中，大力宣传道德榜样是用社会主义核心价值观引领社会的必然要求，劳动模范身上表现出来的精神是鼓舞我们前进的动力，是我们永不松懈的追求。劳动模范身上体现出来的精神，代表着时代的价值观、道德观和精神风貌，展示了中华民族顽强拼搏、自强不息的崇高品格，体现了我们伟大的民族能够与时俱进、开拓创新的精神风貌。将劳模精神贯穿于高校思想政治理论课教学中，培育社会主义核心价值观的必然要求。

一、劳模精神在高校思想政治理论课教学中的价值

在中国共产党领导人民进行社会主义建设实践的各个时期，涌现了大批的劳动楷模，被党和政府授予劳动模范的荣誉称号。这些劳动模范用自己的辛勤劳动在平凡的岗位上创造出了不平凡的业绩，成为全社会学习的道德榜样。道德榜样在社会主义核心价值观建设中具有非常重要的价值。

党的十八大以来，党中央对中国高等教育的发展和高校思想政治教育工作高度重视，发表了一系列重要论述。在2016年12月7日至8日召开的全国高校思想政治工作会议上，高校思想政治工作关系高校培养什么样的人、如何培养人以及为谁培养人这个根本问题。要坚持把立德树人作为中心环节，把思想政治工作贯穿教育教学全过程，实现全程育人、全方位育人，努力开创我国高等教育事业发展的新局面。党中央对高校思想政治工作的一系列重要论述是对思想政治教育，特别是理想信念教育、爱国主义教育话语体系的丰富和创新，给人力量，鼓舞人心。百年大计，教育为本。教育是立国之本，是民族振兴的基础。一个国家有没有发展潜力看的是教育，一个国家富不富强看的也是教育。高校的教育对象是正处于人生观、价值观形成关键期的大学生，高校的教育工作者特别是高校教师要高度重视思想政治教育，充分发挥教育的育人功能，坚持教育为社会主义现代化建设服务、为人民服务，把立德树人作为教育的根本任务，全面实施素质教育，培养德智体美劳全面发展的社会主义建设者和接班人，努力办好人民满意的教育。

思想政治理论教师肩负着重要的历史使命。在思想政治理论教学中，广大教师要用自己坚定的政治立场，始终维护祖国统一和民族团结，努力增强大学生思想政治理论课教学的针对性和实效性；要不断地将弘扬社会主义核心价值观作为教育的重点，将各个时期涌现出的劳模精神贯穿于思想政治理论课教学之中。在高校思想政治理论课程体系中，思想道德修养与法律基础是对大学生进行思想道德修养和法律基础知识教育的一门必修课程。通过本课程的教学，帮助学生逐步形成高尚的道德情操，树立正确的人生观、价值观、道德观和法制观，增强社会主义法制观念，提高思想道德素质，树立体现中华民族道德传统和时代精神的价值标准和行为规范，注重从自己做起、从小事做起，努力把自己培养成为有理想、有道德、有文化、有纪律的一代新人。劳模精神升华了劳动者热爱劳动的朴素情感，凝聚了劳动者建设社会的向心力量，鼓舞了全体劳动者奋发向上的劳动热情，因此，劳模精神与思想道德修养与法律基础课的教学目的和教学内容高度契合。

二、树立正确的劳动观——将劳模精神贯穿于高校思想政治理论课教学的预期目标

人民创造历史，劳动开创未来。劳动是推动人类社会进步的根本力量。必须牢固树立劳动最光荣、劳动最崇高、劳动最伟大、劳动最美丽的观念，让全体人民进一步焕发劳动

热情、释放创造潜能，通过劳动创造更加美好的生活。作为高校思想政治理论课教师，如何帮助大学生树立马克思主义的劳动观，是我们每个人都应该思考的问题。有人对一些大学生的劳动观进行了问卷调查，发现当代大学生在劳动观方面存在劳动意识淡薄、劳动习惯差，对体力劳动与体力劳动者的认识存在偏差，不尊重他人的劳动成果，崇拜物质、渴望不劳而获等问题。这些问题若不能得到妥善解决，不仅会影响个人的成才与发展，也不利于社会与国家的进步与繁荣。所以，我们必须始终把帮助大学生树立正确的劳动观摆在重要的位置。劳动模范一个个鲜活的事例和劳模精神表现出的示范张力，对当代大学生具有强烈的震撼作用。在教学中充分运用这些教育元素可以实现帮助大学生树立马克思主义劳动观的预期目标。

三、将劳模精神贯穿于高校思想政治理论课教学中的途径

在高校思想政治理论课教学中，我们要创新教学手段，利用多种教学方法吸引学生，让劳模形象根植于心，让劳模精神外化于行。

（一）请道德模范人物走进课堂

大学生最易受模范人物先进事迹的感染，请道德模范人物走进课堂现身说法，可以迅速引起大学生的情感共鸣，取得较好的教育教学效果。2003 年 2 月 24 日，新疆伽师县和巴楚县发生里氏 6.8 级强烈地震。地震发生后，喀什大学选派了十余名教工前往灾情最严重的巴楚县琼库恰克乡参加救援，在救援中涌现了众多先进个人。我们将这些先进个人请进课堂，让他们为学生讲述抗震救灾中可歌可泣的壮举，使大学生感受到社会主义大家庭一方有难、八方支援的温暖，真切体会到社会主义制度的优越性。为使思想政治理论课教学更加感人，在大学生中发挥先进人物典型的引领作用，笔者所在学校邀请了自治区道德模范人物走进课堂。如我们请荣获“自治区第五次民族团结进步模范个人”“喀什地区民族团结进步模范标兵”等多项荣誉称号的学生工作部学生科的昆都孜 · 乃素肉拉老师深入课堂与学生进行座谈交流。昆都孜老师首先讲述了自己自 2002 年以来资助 100 多名贫困大学生的原因、经历和感受。其次，昆都孜老师分析了笔者所在学校大学生成长成才的外部环境和校园环境。昆都孜老师说国家对新疆的政策是历史上最好的政策，同学们为昆都孜老师朴直的话语、高尚的情感、崇高的思想、伟大的人生经历所感动，不时报以热烈的掌声。最后昆都孜老师希望同学们有什么经济困难和心理困惑尽量找她，她会以热忱地服务、诚挚的情感、实际行动来解决学生的问题和困难。座谈结束时，同学们也纷纷表示要以昆都孜老师为榜样，好好学习，勇于实践，积极投身中国特色社会主义伟大事业之中。

笔者所在学校还开展了长征故事报告会活动，邀请老战士、老同志、老模范为师生讲述长征历史；组织教授宣讲团成员深入校内外基层单位，开展长征精神的主题宣讲活动；在思想政治理论课教学中，融入长征精神的主题内容，在广大师生中弘扬爱国主义精神、唱响爱国主义主旋律。

（二）通过观看影视作品，感受劳模精神

影视作品在思想政治理论课教学中具有重要作用。影视作品在内容上有助于化僵硬晦涩为生动通俗，促进教学的实效性；在形式上从静态文字到动态图像，增强教学的多样性；在对象上从被动灌输到主动参与，凸显教学的双向性；在手段上从话语霸权到和谐共生，体现了教学的灵活性。为彰显社会的和谐、友爱、诚信，我们通过组织观看阿尼帕大妈收养各族孤儿的故事影片《真爱》，讴歌人间的真、善、美；观看《冰山上的来客》《丝绸之路传奇》等优秀影片，歌颂各族人民学习的楷模。故事继承着过去，记录着现实，启迪着未来。讲好中国故事，弘扬中国精神，传播中国声音，凝聚中国力量，在当前具有十分重要的意义。结合教学内容，我们组织观看了励志影片《奋斗》，并且要求大学生写出观后感，很多同学都写下了树立人生坚定信念，立志做一个有理想、有抱负、有追求的青年的深切感受。

（三）利用参观考察，学习宣传党中央治国理政新理念新思想新战略

利用参观考察的机会，帮助大学生了解我国改革开放以来取得的巨大建设成就，使他们充分理解中国特色社会主义理论的科学内涵，进一步推进治国理政新理念新思想新战略进教材、进课堂、进头脑。我们要发挥思想政治理论课的主渠道作用，加强对思想政治理论课教师的培训指导，强化思想性要求，重视内容创新，贴近当前形势，鼓励引导广大教师主动编写相关教材，增强课堂教学的实效性；要积极参与全国大学生网络党校开设的专题辅导培训，聆听名师名家谈党中央治国理政新理念新思想新战略；要加强课程育人，积极参加国家教育资源公共服务平台组织开展的学科德育精品课程资源征集展示活动。

总之，通过实践教学活动，调动了大学生的学习积极性，增强了他们对思想政治理论课的认同，从而树立起远大理想，为建设中国特色社会主义事业努力学知识、长本领。

第三节　高校思想政治理论课教学质量的提升路径

党的十八大以来，我国高校思想政治理论课的教学质量稳步提升，取得了丰硕的成果，积累了很多宝贵的经验。但高校思想政治理论课的教学质量还有待进一步优化，这是中国特色社会主义新时代的必然要求。高校思想政治理论课的建设，应更好地实现理论讲授与实践教学的统一、实体课堂与网络课堂的贯通、教师领学与学生自学的互动、思政课程与课程思政的协同，这是增强高校思想政治理论课教学质量的重要途径。

高校思想政治理论课，是我国高校落实立德树人任务的关键课程，是我国意识形态教育与宣传的重要渠道和主要阵地，是维护国家安全的重要保障。优质的高校思想政治理论课，能为培养德、智、体、美、劳全面发展的社会主义建设者和接班人保驾护航，能为当代大学生树立中国特色社会主义道路自信、理论自信、文化自信和制度自信提供强大的精神动力。不断提升我国高校思想政治理论课的教学质量，已经成为中国特色社会主义新时

代的必然要求。党的十八大以来，全国各高校为优化高校思想政治理论教学质量进行了广泛而深入的探索和研究，积累了很多宝贵的经验和成果。根据党中央对高校思想政治理论课的要求，结合我国高校思想政治理论课的教学实践，我们可以着力从以下几个方面来提升高校思想政治理论课的教学质量。

一、理论讲授与实践教学的统一

讲好高校思想政治理论课的教学内容，要以理论教学为主、实践教学为辅，实现理论教学与实践教学的有机统一。

（一）晓之以理，提高理论讲授的说服力

“理论只要说服人，就能掌握群众；而理论只要彻底，就能说服人。”全面、深刻而准确地理解教材所呈现的教学内容，这是高校思政课教师讲好高校思政课的首要前提。自新方案实施以来，高校思政课教材已经进行了多次修订，内容上在不断更新。教师要想准确理解教材，必须在研读教材的基础上阅读与教材有关的马克思主义经典著作。比如，对于《马克思主义基本原理概论》这门课程，任课教师要着重阅读马克思、恩格斯、列宁和斯大林的相关著作。对于《毛泽东思想和中国特色社会主义理论体系概论》这门课程，任课教师要着重阅读《毛泽东选集》《邓小平文选》《江泽民文选》《胡锦涛文选》《习近平谈治国理政》等相关著作。高校思想政治理论课教师，只有研读教材和相关原著，才有可能从学理层面讲清楚教材中重点和难点。比如，要想讲清楚经济基础这一概念，就需要阅读《〈政治经济学批判〉序言》和《资本论》等相关原著，从不同的角度讲清楚何为“生产关系的总和”。高校思想政治理论课教师不仅要能从学理层面讲清楚教学内容的理论逻辑、历史逻辑和实践逻辑，而且必须把这些内容与当代中国的国情和实际紧密地结合起来。这种结合既能阐释教学内容本身，又能增强理论讲授的说服力。比如，在讲授生产力与生产关系、经济基础和上层建筑之间的关系的时候，既要立足于历史与现实，从学理上阐明人类社会发展的规律，又要运用这一原理说明全面深化改革的必要性。再如，讲授中国特色社会主义进入新时代这一知识点时，要通过具体的案例和相关统计数据，说明党的十八大以来的历史性变革和历史性成就，根据历史沿革和生活实际，分析我国社会主要矛盾的变化，阐明为什么中国特色社会主义进入新时代，进而讲清楚其内涵与意义。高校思想政治理论课教师还应学习和研究历史。缺少历史的思维，是很难把一些司空见惯的教学内容讲清楚。比如在讲授我国民族区域自治制度的时候，就要弄清楚我国自古以来就是统一的多民族国家，懂得中华民族近代以来反抗外来侵略斗争的历史，明白我国人口分布格局的形成过程。这是讲清楚我国为什么确立民族区域自治制度的必要条件。作为高校思想政治理论课教师，要以马克思主义理论为根本，以历史思维为基础，以全球视野通古今之变，能学贯中西、纵横开阖地讲好教学内容。

（二）因地制宜，开展丰富多彩的实践教学

实践教学是通过社会实践来开展思想政治教育的教学活动。与理论讲授相比，实践教学具有鲜明的直观性、广泛的参与性、真切的体验性。通过实践教学，能够激发大学生对马克思主义理论的学习兴趣，深化大学生对马克思主义理论的理性认识，增强大学生对马克思主义理论的情感认同，坚定大学生对马克思主义理论的理想信念。近年来，我国高校在实践教学方面形成了百花齐放的繁荣景象，涌现出了拍摄微电影、读书会、参观、调研、唱红歌等多种实践教学方式，取得了丰硕的成果，为我们进一步提升实践教学的实效性提供了宝贵的经验。开展实践教学，要根据各校的实际情况来进行，充分利用当地的资源，创造各具特色的实践教学方式。对于周边有着丰富红色教育资源和相关博物馆的高校，可以通过参观学习开展实践教学。对于那些办学条件较好的高校，可以开展以拍摄微电影为代表的难度较大的实践教学活动，也可以通过组织学生听取相关的学术报告，深化和拓宽学生对马克思主义理论的理解和认识。对于艺术类院校可以通过歌唱、舞蹈、绘画、话剧、歌剧等文艺表演的形式开展实践教学。对于那些办学条件相对不足的高校，可以观看《厉害了，我的国》《这就是中国》《百年潮·中国梦》《我们一起走过——致敬改革开放四十周年》《正道沧桑——社会主义五百年》等优质视频，也可以通过周边实地考察和网络调查的方式开展实践教学。总之，实践教学没有固定的方式，要根据具体情况具体分析和研究。但实践教学作为理论教学的重要补充和辅助形式，不能喧宾夺主，不能脱离教学内容，游离于马克思主义理论之外，要以教学内容为中心，选择适当的实践教学形式，促进感性认识与理性认识的良性互动，进而实现理论教学与实践教学的有机统一。

二、实体课堂与网络课堂的贯通

随着我国信息化程度的不断提高，我国高校思想政治理论课，既面临着新的挑战，也面临着新的机遇。高校思想政治理论课要在继往开来的过程中不断推进其现代化进程。

（一）薪火相传，展现实体课堂的魅力

近年来，随着信息技术在高等教育领域的广泛应用，出现了以网络为载体的新的教学形式。那么，网络思想政治教育能否代替实体课堂呢？网络思想政治教育作为新的教学形式，虽然有其优势，但不能完全代替实体课堂。原因主要有三点：一是网络思想政治教育与受教育者之间往往不处于同一时空之中，教师与学生之间缺乏了解与认识，师生之间难以实现教学相长。二是网络思想政治教育难以实现因材施教。如果某一网络课程在较大的范围内推广，不根据不同层次、不同类型和不同个体进行有针对性地教育，那么单纯使用这种教育方式，就很难做到因材施教。因为高校思想政治理论课不仅要传授知识，还要使受教育者树立正确的理想信念和价值观。三是很多网络思想政治理论课程难以做到随时更新教学内容。有些网络思想政治教育是在线直播，但相对较少。很多网络课程都是编辑好的视频资料。这些视频教学资料的制作和实际教学使用往往存在一定的时间差，这种时间

差就使其不能与马克思主义理论的发展完全即时同步。基于以上原因，网络思想政治教育不能代替实体课堂。实体课堂的历史自人类有教育以来，一直延续至今，无数教育家对这种教育教学方式进行了广泛而深入的研究，提出了很多重要的思想理论，我们要继承传统课堂的成功经验。对于高校思政课教师而言，要充分把握在实体课堂开展思想政治教育的知识、能力和技能，高校思政课教师要不断更新和优化自己的马克思主义理论水平，提高自己的语言表达能力，分析和研究学生的思想动态，实现因材施教和教学相长。

（二）守正创新，释放网络课堂的潜力

网络课堂是以网络形式存在的课堂。与实体课堂相比，网络课堂具有跨时空性、丰富性、互动性和虚拟性的特点。以网络为载体的思政课堂方兴未艾。虽然网络思想政治教育不能代替实体课堂，但网络思想政治教育必定是传统思政课堂的重要工具和有益补充。高校思想政治理论课要在坚持和强化其意识形态性、理论性和思想性的前提下，借助互联网技术，不断推动其创新发展。一方面，要在传统的实体课堂中适当地运用网络信息技术开展思想政治教育。近年来，国内开发了多种教学辅助工具，比如雨课堂和蓝墨云班课。这些教学辅助软件具有随机点名、播放教学视频短片、课堂测试、成绩排名等功能，能拓宽课堂教学的广度和深度，增强学生学习的主动性，教师能及时了解学生的学习情况，进而开展有针对性的教育。另一方面，要在课堂之外，让学生学习以网络为载体的思想政治教育的相关资讯。比如我国名校所制作的与高校思想政治教育相关的慕课，这些慕课（MOOC）有利于促进优质教育资源的共享，缩小院校之间教育水平的差距，促进院校之间互学互鉴，能拓宽学生的视野，增强其对马克思主义理论的理解和认识。再如，可以鼓励大学生通过学习强国网络学习平台，了解与高校思想政治理论课教学内容有关的资讯，从不同角度掌握马克思主义理论，不断更新自己的知识结构，树立正确的价值观、人生观、世界观。信息化的时代，网络思想政治教育万能论和无用论，都是不可取的。高校思政课教师要积极学习网络思想政治教育的知识与技能，适当运用网络教育技术，不断创新高校思政课授课形式，实现实体课堂和网络课堂的有机结合，推动其良性互动。

三、教师导学与学生自学的互动

高校思想政治理论课，既不能弱化教师在教育教学中的主导作用，也不能忽视学生在课堂教学中的主体作用，单纯的“教师中心论”和“学生中心论”皆不可行，师生之间良性互动才是可取之道。

（一）言传身教，发挥教师的主导性

高校思想政治理论课教师要发挥其主导作用，既要成为马克思主义理论的传道者、授业、解惑者，又要成为马克思主义理论的问道、求道、释道者。具体应关注以下几点：一是坚定马克思主义信仰。高校思想政治理论课教师要不断学习马克思主义理论，坚定自己的马克思主义信仰，自觉抵制和批判错误的思想观念和社会思潮。高校思想政治理

论课教师要“信马”“言马”，只有自己真学、真懂、真信，才能引导学生树立马克思主义理想信念。二是不断提升理论水平。高校思想政治理论课教师要以教材为根本，但不能只局限于教材。因为马克思主义理论是不断丰富和发展的，教材很难及时同步更新。所以，高校思想政治理论课教师要以学习为根基，以研究为动力，不断地更新自己的知识结构和理论水平，用最新的理论成果武装自己的头脑。高校思政课教师不能照本宣科，而要在学懂弄通的前提下，把教材的语言转化为生动活泼的教学语言，通过富有理论性和思想性的讲解，使大学生既能知其然，又能知其所以然，进而能内化于心、外化于行。三是因材施教。高校思想政治理论课教师要通过观察、提问、访谈和问卷调查等方式全面了解学生的思想动态，研究学生的身心发展规律，关注学生的实际需要，能够针对大学生关注的思想政治问题和人生发展问题，以富有亲和力、说服力和感染力的话语方式为其答疑解惑，开展有针对性的教育。四是完善自己的品行。高校思想政治理论课教师要不断提高自己的学识和品德，通过丰厚的学养和高尚的德行，使学生受到潜移默化的影响和教育。

（二）好学不倦，激发学生的主体性

提高高校思想政治理论课的抬头率，使其能够入脑入心，关键在于能更加充分地发挥大学生学习思想政治理论的主动性和积极性。这就要求高校思政课教师在教育教学的过程中，能够培养大学生自主地学习马克思主义理论。具体来讲，应该关注以下几点：一是增强教学的吸引力。教师可以通过声情并茂的讲授吸引学生的注意力，通过鞭辟入里的分析引导学生认同马克思主义理论，通过丰富多彩的课堂活动激发学生的学习兴趣。二是要让大学生更真切地感受到学习高校思想政治理论课的意义和价值。高校思政课教师要使大学生更加充分地认识到高校思政课对大学生个人和我国发展的重要性。高校思政课教师要在为大学生排忧解难的过程中使其更深切地体会到思政课的作用。三是高校思政课教师要让大学生感受到学习的快乐。高校思政课教师要组织学生更好地参与到课堂教学之中，可以通过讲课比赛、辩论赛、讨论、演讲等方式，让学生在合作与竞争中感受到学习的乐趣。四是高校思政课教师要对大学生的学习结果进行及时反馈。高校思政课教师在教育教学的过程中，对于那些优秀的大学生要进行表扬，对于那些表现较差的学生要进行适当的提醒和批评。对大学生学习结果的及时反馈，有利于激发其学习兴趣，不断调整其学习行为。总之，高校教师要千方百计地引导广大高校学生自主学习思想政治理论，这样才能起到事半功倍的效果。诚如孔子所言，“知之者不如好之者，好之者不如乐之者”，只要大学生在学习的过程中能乐此不疲，那么，学习对于他们来讲，就不是负担，而是一种快乐地求知之旅、思想之旅、成长之旅。

四、思政课程与课程思政的协同

高校的思政政治理论课与其他课程之间的相互补充与相互配合，是提升高校政治理论

课教学质量的重要途径。

（一）深化贯彻落实，引领思政课的发展

“思想政治理论课是落实立德树人根本任务的关键课程。”推进高校思想政治理论课的发展，关键是贯彻落实全国思政课工作会议和学校思想政治理论课教师座谈会上的重要讲话精神，主要应该关注以下几点：一是明确根本问题。“办好思想政治理论课，最根本的是要全面贯彻党的教育方针，解决好培养什么人、怎样培养人、为谁培养人这个根本问题。”高校思想政治理论课教师要围绕这个根本问题，明确教育目标，探索教育方法，坚定教育立场，努力通过自己的思想政治理论课为培养中国特色社会主义的建设者和接班人发挥应有的作用。二是提高综合素质。高校思政课教师“政治要强、情怀要深、思维要新、视野要广、自律要严、人格要正”。高校思政课教师要不断提高自己的业务水平和品德修养，成为德才兼备的高校思政课教师。三是深化思政课改革创新。“习近平强调，推动思想政治理论课改革创新，要不断增强思政课的思想性、理论性和亲和力、针对性。”要深入贯彻和落实“八个统一”，通过多维互动和内外联通的方式推动高校思想政治理论课的改革，增强高校思政课的实效性。四是加强对思政课的领导。“各级党委要把思想政治理论课建设摆上重要议程，抓住制约思政课建设的突出问题，在工作格局、队伍建设、支持保障等方面采取有效措施。要建立党委统一领导、党政齐抓共管、有关部门各负其责、全社会协同配合的工作格局，推动形成全党全社会努力办好思政课、教师认真讲好思政课、学生积极学好思政课的良好氛围。”各高校党委要加强对高校思想政治理论课的领导，解决制约高校思政课建设的突出问题，更好地推进其进步与发展。

（二）推进同向同行，增强课程思政的实效

“要用好课堂教学这个主渠道，思想政治理论课要坚持在改进中加强，提升思想政治教育的亲和力和针对性，满足学生成长发展的需求和期待，其他各门课都要守好一段渠、种好责任田，使各类课程与思想政治理论课同向同行，形成协同效应。”发挥课程思政的实效，应关注以下几点：一是注重课程思政意识的培养。高校领导应对全校相关教师展开关于课程思政方面的宣传教育工作，使众多非思政课的教师能够充分认识到自己所教的课程也有一定的思想政治教育功能，要通过深入研究和挖掘，使其所教的课程能够发挥其各自的思想政治教育功能。二是促进课程思政教师与思政课教师之间的互学互鉴。高校思想政治理论课教师要与课程思政教师进行广泛而深入地沟通与交流。一方面高校思想政治理论课教师可以通过讲座、座谈和研讨的方式让课程思政教师了解思想政治教育的内容与目标。另一方面，课程思政教师可以向思政课教师介绍自己所教课程的梗概，与思政课教师探讨如何结合自己的教学内容来开展相关的思想政治教育。通过思政课教师与课程思政教师的沟通和交流，既能深化课程思政教师对马克思主义理论的理解与认识，又能优化思政课教师的知识结构，拓宽其学术视野。三是营造课程思政与思政课程之间相辅相成的良好格局。高校的思政课与其他课程之间，虽然有区别，但也有一定的联系。一方面，要通过

高校思政课为大学生学习其他课程提供政治立场、理想信念和指导思想。另一方面，要通过高校课程思政的学习深化大学生对思政课的理解与认识。课程思政要与思政课程同向而行，尤其是与高校思政课联系较为紧密的经济学、社会学、法学、历史学、政治学、教育学、文学和新闻学等哲学社会科学与人文社会科学，在讲授这些课程的过程中，教师讲授的内容不能与马克思主义理论相背离，要从自己学科的角度帮助大学生更好地理解马克思主义理论。对于自然科学方面的课程思政，也要立足于本学科，帮助大学生更好地理解马克思主义理论，尤其是马克思主义基本原理和自然辩证法。比如，在讲解概率论与数理统计的时候，可以引导学生理解个别与一般的关系。再如，在讲解相对论的时候，可以引导学生理解时间和空间的内涵。自然科学的发展是马克思主义理论产生的重要基础，对自然科学知之甚少，也很难更深入地理解马克思主义的基本原理。思政课程与课程思政要相互呼应、互为补充、相辅相成，更好地提升高校思政课的教学质量。

第四节　高校思想政治理论课教学话语的困境

高校思想政治理论课教学活动中形成的教育话语，具有价值承载、连通媒介、保障监督的重要功能，其主导力、亲和力、吸引力关乎高校思想政治教育的“高度”“力度”和“温度”，深刻影响着高校思想政治教育的效果。在时空境遇下，高校思想政治理论课教学话语的主导力、亲和力、吸引力面临着不断式微的困境，迫切需要通过交往互动共建话语方式及在生活关照中共享话语意义等途径来提升教学话语影响力。

“高校思想政治工作关系着高校培养什么样的人、如何培养人以及为谁培养人这个根本问题”“要用好课堂教学这个主渠道”，发挥好思想政治理论课教师的关键作用。作为语言的符号系统，高校思想政治理论课教学话语是理论课教师与大学生互动交流的媒介，承载着思想政治教育的内容和价值，其影响力的提升是推动高校思想政治理论课改革的应有之义。

一、高校思想政治理论课教学话语内涵的学理阐释

话语作为语言和媒介语言符号系统，最初在语言学概念中提出，表征“对某一主题或目标的谈论方式，包括口语、文字及其他的表述方式”，它形成于人们的交往过程中。在教育教学过程中，知识技能、思想道德观念总是通过话语这个媒介传递给受教育者，受教育者对知识技能的习得和思想道德观念的内化也总是从对话语的内化开始的，话语是教育者和受教育者互动的媒介，是知识技能、思想道德观念的外壳。

具体到高校思想政治理论课的教育教学过程，教学话语是在高校思想政治理论课教学活动中形成的，是教学过程中诸多要素的“黏合剂”，发挥着桥梁“纽带”媒介的重要作用。

高校思想政治理论课教学过程本质上是一个思想观念、道德规范、政治规范的话语价值传播过程。从静态组成来看，高校思想政治理论课教学话语包括理论话语、学术话语和实践话语；从动态运行来看，高校思想政治理论课教学话语是由生成、表达、传播、反馈等环节组成的用于描述、沟通、建构主客体关系的语言符号系统。

高校思想政治理论课具有自身的学科属性和特殊的教学目标。因此，高校思想政治理论课教学话语与其他的教学话语相比，具有以下三个方面的突出特征。第一，突出的意识形态性。“所谓思想政治教育的意识形态性，是指它的政治性、阶级性，也就是说它明确地属于一个阶级，并为这个阶级的根本利益服务，其作用在于维护一个特定社会的统治阶级的统治。”高校是意识形态工作的前沿阵地，决定着灌输规范、感召激励、批判辩护、传播结构的具体内容，体现出鲜明的政治立场。高校思想政治理论课教学话语的意识形态要求高校思想政治理论课教师坚持马克思主义为指导地位，坚持为党育人、为国育才，发挥好党和国家喉舌的重要作用。第二，密切的关联性。静态的理论话语、学术话语和实践话语；动态的生成、表达、传播、反馈过程相互联系、相互影响、相互转化，表现出逻辑严谨、层次清晰、内容全面、前后呼应等特点。高校思想政治理论课教学话语的关联性要求高校思想政治教育理论课教师协调好教学与科研、理论与实践的关系，树立系统思维，统筹推进生成、表达、传播、反馈各环节，优化话语传播链。第三，显著的时代性。与时俱进是马克思主义的理论品质，也是高校思想政治教育的基本要求，“做好高校思想政治工作，要因事而化、因时而进、因势而新。要遵循思想政治工作规律，遵循教书育人规律，遵循学生成长规律，不断提高工作能力和水平”。党的十九大深刻地阐明了我国当前所处的新的历史方位——新时代，高校思想政治教育要适应新时代发展的客观要求，自觉担负起培育时代新人的使命，坚守为党育人、为国育才的初心，不断加强习近平新时代中国特色社会主义思想教育，不断增强“四个意识”、坚定“四个自信”、做到“两个维护”。作为服务于高校思想政治理论课目标实现的语言符号系统，教育话语在高校思想政治理论课教学过程中的功能主要表现为价值承载、联通媒介、保障监督三个方面。

二、高校思想政治理论课教学话语的价值功能

（一）价值承载功能

话语是思维、思想的外壳。从某些方面来讲，高校思想政治理论课教学活动就是一场政治活动传播的过程。没有高校思想政治理论课教学话语传播，也就没有高校思想政治理论课教学活动，离开高校思想政治理论课教学话语的传播，高校思想政治理论课教学活动也就变成了无源之水、无本之木。而这一传播过程既是一个“意义”“价值”“观念”等传承的过程，同时又是一个“意义”“价值”“观念”再生产的过程。无论是传承抑或是再生产，都需要借助教学话语这个符号系统。因此，高校思想政治理论课教学话语具有深刻的价值意蕴，它是“意义”“价值”“观念”的重要依托。为有效地实现高校思想政治理论课目标，

更好地承载起高校思想政治理论课的价值功能，在具体实施上，高校思想政治理论课在推进马克思主义理论“进教材、进课堂、进头脑”的过程中，更需要推进马克思主义生活化、日常化，将教材话语、学术话语转化为教育对象更容易接受的课堂话语、日常话语，实现马克思主义理论教育与受教育者生活实际的深度融合。

（二）连通媒介功能

教师和大学生是高校思想政治理论课教学活动中的基本要素，而话语就是两者沟通交流互动的桥梁，正是因为有话语的存在，两者才得以互动交流。思想政治理论课教师和大学生虽然是高校思想政治理论课教学中的基本要素，但两者在其中的地位不是等同的。教师在其中起主导作用，学生起主体作用。没有思想政治理论课教师的主导作用，就没有高校思想政治理论课教学活动。因此，高校思想政治理论课教师要按照“政治要强、情怀要深、思维要新、视野要广、自律要严、人格要正”的要求，苦练内功，不断提高话语的引导力、传播力和影响力，为大学生扣好人生第一粒扣子。而要增强高校思想政治理论课的教学实效性，就需要发挥大学生的主体作用。离开大学生主体作用的发挥，就很难做到对思想观念、道德规范、政治观点的内化与外化。因此，在高校思想政治理论课教学过程中，理论课教师和大学生要积极运用话语这一媒介进行互动交流，通过话语调动大学生参与高校思想政治理论课的积极性、主动性。

（三）保障监督功能

除了价值承载和联通媒介功能之外，教学话语还对高校思想政治理论课教学活动发挥着监督保障的作用，起着提质增效的效用。情境是高校思想政治理论课教学活动的重要场所，对理论课教学活动起着重要的引导作用。高校思想政治理论课教师根据思想政治理论课的教学需要，通过话语营造出一种或崇高，或庄严，或肃穆，或生动，或活泼的话语情境，促使教学活动在这样的话语情境中发生。这些不同的话语情境对教育者内化思想理论课的教学内容具有不同的效果。从人的思想品德形成过程来看，知、情、意、信、行是人的思想品德形成的基本环节，在这些环节中，情感起着促进保护催化的作用。而情感具有相互感染的特性，高校思想理论课教师对话语的灵活运用，能够有效地对受教育者的情感起到重要的调动与感染作用，从而保证知、情、意、信、行各个环节有效运转。在高校思想政治理论课教学中，教学管理是不可或缺的重要组成部分，在高校思想理论课教学中发挥着监督反馈的重要作用。为有效地发挥监督反馈作用，需要高校思想理论课教师运用教学话语，对课堂进行有效的管理。

三、高校思想政治理论课教学话语思维困境

（一）互联网时代，文化多元影响教学话语主导力

互联网技术的迅速发展，深刻地影响着人们的生活方式。互联网时代，人们无时、无

处不能无网，网络就好比人的器官一样，成为人们生活的重要工具。尤其是当前的“00后”逐渐成为高校的主力军，他们生来就与网络绑在一起，网络伴随其成长过程。在网络时代，人人都是“麦克风”，社会进入“大众麦克风”时代。“大众麦克风”时代改变了传统的文化传播方式，“文化反哺”成为常态，教育者信息资源优势不复存在，对信息的把控能力被严重削弱。大众文化、青年文化、外来文化等非主流文化在互联网时代与主流文化相互激荡，在西方意识形态的渗透下，非主流文化中的媚俗性、感官性、宣泄性、暴力性、色情性等内容侵蚀着青年大学生的价值观念，影响着大学生的行为方式。网络时代力图“在主导性话语所建构的权力关系之外重新建构一种对抗性的话语陈述体系，即重新解释世界并赋予其特定意义，进而对主导性霸权话语所形成的合法性发起质疑和拷问”。这样一来，思想政治理论课教学话语在互联网时代文化多元的时空境遇下，其主导力被严重削弱。

（二）单向传播降低话语亲和力

在传统的高校思想政治理论课教学过程中，形成了主体—客体二分的思想政治教育者和受教育者关系模式。在这种模式下，高校思想政治理论课教师处于主导、支配地位，学生处于被动、被支配地位，“自说自话”“我讲你听”“我打你通”是这种主体—客体二分的具体表现。社会转型的加速发展，社会经济结构、组织方式、就业方式等日益多样，个体的自强意识、创新意识、成才意识、创业意识、主体意识、自主意识表现出史无前例的多元。处于青春期的大学生，求新求异意识比任何群体都强，常常以“标新立异”来标识自己。这样一来，传统的高校思想政治理论课教学中“人学的空场”单向传输的话语模式，常常遭到学生的“抗拒”“抵触”。高校思想政治理论课教师进行思想政治教育时的单向传输、“照本宣科”“生搬硬套”，常常因为“失语”而亲和力不强。

（三）现实生活关照缺失削弱教学话语吸引力

“非日常生活和日常生活（包括衣、食、住、行等基本生存形式）的有机统一，才能涵盖人类社会的全部存在领域。”但由于历史和现实原因，政治工具被定位在传统的思想政治教育实践中，思想政治教育的社会功能被过度凸显，抽象的原则、原理等普遍知识充斥高校思想政治理论课教学话语体系。高校思想政治理论课教学中，话语如若不接地气，所传授的政治观点、思想观念、道德规范就很难进入大学生所熟悉的文化语境中，甚至会与大学生的话语体系产生激烈的冲突，从而在内心深处萌发出对高校思想政治理论课话语的排斥和反感。上好思想政治理论课关键在教师，关键在发挥教师的积极性、主动性、创造性。思政课教师，要给学生心灵埋下真善美的种子，引导学生扣好人生第一粒扣子。只有不断增加高校思想政治理论课教学话语的“高度”“力度”和“温度”，高校思想政治理论课才能有解释力、生命力和感召力，也才能提升高校思想政治工作的亲切感、获得感和认同感。

四、高校思想政治理论课教学话语影响力的提升路径

（一）交往互动共建高校思想政治理论课教学话语方式

高校思想政治理论课教学本质上是一种精神交往，是师生双方在思想、观念、意识上的交往，表现为双方的精神互动。思想政治理论课教师于学生而言，处于话语权的优势地位，这种势位下，“灌输—接收”“独白”式的单向度话语传递模式，往往忽视大学生对思想道德的自我建构，受教育者的“主体间性”被抑制。实际上，教师在思想政治理论课教学过程中传授的道德规范、价值观念总是受到大学生业已形成的“图式”影响。在这个过程中，传播的“正确的价值”如何嵌入大学生“我的价值”之中去，需要大学生积极主动地建构内化，如果没有与大学生的经验世界相互衔接、融合，大学生是不会主动接受和内化的。网络时代，文化多元境遇下，面对以“95 后”为主体的大学生，在思想政治教育过程中迫切需要构建起以“对话交流”为基础的交往互动式主体间性话语模式。首先，需要思想政治理论课教师和受教育者遵循信任、平等、尊重为原则的话语生态，相互尊重，在交流中增进共识；其次，在教学互动具体的方法上，需要多采用启发式、交流讨论等教学方法，通过在真实、灵动的语境中，设置话题，含蕴价值意义，通过交流对话，达成对问题的科学认识、对内容价值的内化以及对思想困惑的问题解决；再次，还需要构建教学话语交往互动的主体间性传播模式，通过融注情感的力量，要以理化人、以情感人、以美育人，积极关注和解决大学生生活、学习中的实际问题。

（二）结合大学生生活开展高校思想政治理论课教学的意义

高校思想政治理论课教学中必须毫不动摇地继承创新列宁的“灌输理论”。高校思想政治理论课教学的关键不在于灌输，而在于怎么“灌输”。高校思想政治理论课教学“应当能够反映出浓郁的生活气息，鲜明地表达出人们的社会生活需要与价值关切，注重社会成员的民生内容，增加其人文精神与社会关怀，表达出思想政治教育应有的人文品位”。在高校思想政治理论课教学中，教学话语需要积极关注教育对象的生活世界，只有将教学话语嵌入教育对象的生活世界，才能提高高校思想政治理论课教学的实效性。思想政治教育是社会价值和个体价值的辩证统一，其根本目的在于促进人的全面发展，对大学生个体价值和现实的关照，是高校思想政治理论课教学的应有之义。在实践中，高校思想政治理论课教学中的思想观念、政治观点、道德规范融入大学生生活，并不是为了让大学生保持这种内在规定性驻足不前，而是为了让大学生超越这种规定性，成为自我创造的主体。事实上，高校思想政治理论课教师在赋予大学生内在规定性的同时，也在不断地积累突破这种规定性的种子。高校思想政治理论课在关注社会价值的同时，也要积极关注个体的生活世界，要充分尊重理解大学生的需要，回归个体生活世界。要围绕学生、关照学生、服务学生，不断提高学生的思想水平、政治觉悟、道德品质、文化素养，让学生成为德才兼备、全面发展的人才。

第五节 高校思想政治理论课教学与批判性思维

高校思想政治理论课是培养大学生批判性思维的重要渠道。我们需要不断地适应信息时代的变化，通过改进教学方法，变灌输式为辩论式和讨论式教学，鼓励学生大胆质疑，提出问题，通过开辟第二课堂等形式来培养大学生的批判性思维能力。

一、当前大学生批判性思维能力缺失的表现

批判性思维并不是单纯地批判和否定，而是在对事物分析论证的基础上，既有否定性批判，也有肯定性的评价，其目的是为了更准确、更全面、更深刻地认识客观事物。而目前大学生在学习中往往缺乏这种思维能力，其具体表现在如下几方面：

第一，在学习过程中对教科书中的现成结论深信不疑，死抠书本，把书本上的知识当成是不变的科学结论和确定无疑的事实。

第二，对所谓的权威“盲目崇拜”，不敢批判和质疑权威。认为老师就是知识的占有者和传播者，老师只是按照书本上的知识去教，认为老师是有学问的人。久而久之，老师成了知识的宝库、知识的权威，凡是老师教的东西、书上的东西，似乎都是永远正确的、不容置疑的。

第三，对时下流行的东西盲目地追随、效仿、跟风。当今社会发展节奏快，社会现象纷繁复杂，相当一部分大学生不愿意对问题进行深层次地思考，对别人的思想观点不假思索地全盘接受，集中表现为一种盲从心理，人云亦云。重感性思维，缺少理性思维，对现实缺少理性的分析和思考，更多的是直观的理解和感性的盲从。

培养大学生的批判性思维能力已成为21世纪世界教育改革和发展的共同趋势。为了充分发挥高校思想政治理论课的主渠道、主阵地作用，发挥其育人功能，提高政治理论课的实效性，通过思想政治理论课的教学过程进行批判性思维能力的培养势在必行。

二、政治理论课培养大学生批判性思维能力的重要性

政治理论课培养学生的批判精神，有利于他们在信息时代的生存和发展，是提高学生辨别是非能力的需要。21世纪是信息化时代，计算机和网络技术的发展将大学生带入一个纷繁复杂的环境当中，各种信息和知识层次不一、良莠不齐，致使学习者淹没在信息的海洋之中，遭遇信息的包围。而面对信息的狂轰滥炸，缺乏批判性思维的学生，就会被浩如烟海的知识和信息所淹没。西方国家在大学教育中重视批判性思维的教育，正是与信息时代这一特殊的时代背景联系在一起的。20世纪90年代初，美国总统小布什和克林顿都支持美国高等教育的总目标要优先促进大学生的批判性思维，就是基于信息时代网络社会

快速发展的结果。通过培养大学生的批判性思维，来提升他们在信息时代面对知识的大量涌流时，对知识和信息的选择、理解和评价能力；增强他们对来自网络、各种媒体等形形色色的知识的辨别、选择能力，从而抵制各种消极、不良信息的影响。

政治理论课培养学生的批判精神，有利于培养大学生的创造精神和创新能力。在当今时代，一个国家要保持经济的强劲增长和持续发展主要依赖劳动者的创新能力。创新是一个民族的灵魂，是一个国家兴旺发达的不竭动力。2006 年年初，党中央提出了建设创新型国家的宏伟目标。要实现这一目标，需要培养和造就一大批创新型人才。要创新就要善于发现问题，善于从普遍认同的定论、真理、不可改变的事实中找出和发现不合理的因素，需要人们善于用批判的眼光去看待遇到的一切事物，具有批判的精神和批判所具备的心理机能。倡导批判性思维教育，对于直接培养高素质的创新人才会产生积极的意义。其一，批判性思维本身是以倡导创新精神为内在本质和要求的，开展批判性思维教育有助于推动全社会对创新精神的尊重，从而培养更多具有创新精神的优秀人才。其二，批判性思维能力的培养有助于增强大学生的创造能力，而大学生批判性思维能力是整个社会创新能力的基础之一。

培养大学生的批判性思维能力是激发大学生关注社会热点问题，提升学习政治理论课兴趣的需要。对于课程的兴趣是学好这门课程的必要条件。从当前情况来看，尽管高校政治理论课近年来在内容和实践等方面已进行了改革，并且更加突出了马克思主义在当代的发展即中国特色社会主义理论体系，但是仍有一部分大学生对政治理论课抱着应付的态度，对政治理论课的学习热情不高。究其原因，一方面是大学生对这门课的认识不足而缺乏积极主动的思维；另一方面就是教师的教学方法存在一定的问题，没能调动学生的学习兴趣，更懒得去发现问题和思考问题。批判性思维的一个鲜明特征就是积极的主动的思维。因此政治理论课的教学应该改进教学方法，引入批判性思维，解放学生的大脑，鼓励学生大胆质疑，这样就会促使他们积极主动地去思考问题，对思想政治理论课传授的知识进行认真的分析，并做出正确的评价。通过这样的积极主动的思维过程，使他们逐渐感受到这门课程的意义与价值，从而激发大学生对思想政治理论课的兴趣。

三、政治理论课培养大学生批判性思维能力的途径

更新教学观念，改革教学方法，引入启发式、辩论式教学模式。建立崭新的教学模式是高校政治理论课培养大学生批判性思维能力的重要途径。随着单一型的灌输式教学方式缺陷的日益凸显，辩论式和启发式教学便成为现代教学改革的方向。首先，教师的授课方式要将启发式教学与学生参与式学习相结合，鼓励学生大胆质疑，大胆假设，寻求合理性，这就要求教师自身要消除权威意识。其次，建立对话式教学模式。在这种教学模式中，师生双方基于相互尊重和平等的立场，共同探究问题，充分地对话交流，通过沟通和交流最终达成对知识的批判和创新。再次，变讲授式教学为辩论式教学。“辩

论是一种批判性思维的方法”“人类许多最有意义和最具批判性的交流是以辩论形式进行的”。思维辩论式教学方法就是教师和学生或者学生和学生就某一个问题以正反两种观点的碰撞为纽带而展开分析、讨论、辩论及总结归纳，从而掌握知识的教学方法。辩论式教学必须要在课前做充分的准备，精心选择辩题，辩题既要与课程内容相联系，又要贴近学生学习、生活实际，同时辩论式教学要做好组织工作，课堂辩论既要突出辩手的作用，也要重视其他学生的参与，鼓励每一个学生在自由辩论时做补充发言，这样才能形成辩论的氛围，从而达到“真理越辩越明”的目的，使辩论式教学成为大学生进行批判性思维能力训练的重要途径。

组织学生开展社会调查，开辟第二课堂来增加实践环节。理论只有与实践相结合，才能保持其鲜活的生命力，批判性思维植根于实践之中。理工科大学生在专业课学习中往往形成一定的思维定式，他们的逻辑思维比较缜密，却容易偏重形式，这样就会产生重视理论轻视实践的偏向。因此加强实践环节，形成实践能力，是培养和提高大学生批判性思维的又一个重要途径。过去实践环节一直是政治理论课的短板，基本上是流于形式。实际上高校的四门政治理论课都安排了一定数量的实践学时，我们可以充分地利用课程实践的形式来培养大学生的批判性思维能力。例如，可以把实践学时整合，组织大学生到农村或企业去参观和调研，使他们深入基层了解我国当前新农村建设和企业改革或转制的实际情况和亟待解决的问题，通过实践活动使他们获得应用所学的基本概念、基本理论解决实际问题的机会。同时通过直接接触使大学生获得了大量丰富的感性认识、感性经验，并且由感性认识上升到理性认识，再使理性认识回到实践中去，进行直接的创造性实践。通过这样的实践和认识循环过程，他们能够切身体会到理性思考和怀疑创造的乐趣和魅力，从而增强其批判性思维的自觉性。对于一些有争议的问题，教师也可以利用实践环节让大学生明辨是非。教师可以针对争议问题布置题目，让学生充分利用互联网去查阅相关资料，利用假期进行社会调查。在掌握资料和调查的基础上，撰写调查报告，得出科学的结论，进一步深化对争论问题的认识，达到明辨是非的目的。这样既能培养大学生探究问题、实事求是的精神，又能训练他们独立思考的能力和批判精神。

总之，批判性思维是当代大学生必备的基本能力，尤其是对于理工科大学生来说，批判性思维是培养科学精神，进行科学研究的基础。高校思想政治理论课是培养大学生批判性思维的重要途径，高校应当不断地加大政治理论课的改革力度。教师要更新教学理念，创新教学方法，增强实践环节，重视培养大学生的批判精神和创新思维，以适应21世纪社会发展对人才的要求。

第二章 高校学生思想政治理论课教学模式优化

第一节 和谐视野下大学生思想政治教育模式

高等学校作为培养、造就德智体美劳全面发展的社会主义事业建设者和接班人的摇篮，是构建社会主义和谐社会的重要阵地。因此，构建大学生思想政治教育模式应以和谐为理念。和谐的本质和内涵、提出的时代背景与中国传统文化中丰富的和谐思想，决定了将大学生思想政治教育纳入和谐视野下。和谐视野下的大学生思想政治教育模式包括从教育目标到教育内容、教育主客体、教育环境、教育方法、教育管理等各方面都协调、匹配，共同作用于大学生的全面、协调发展。

大学生思想政治教育模式就是在一定思想政治理论的指导下，为解决大学生的思想政治教育问题而构建起来的教育目标、内容、方式、方法、手段、机制等方面的综合性理论模型和实践范式。可想而知，一种行之有效的思想政治教育模式的建立对解决大学生思想政治教育问题有着重要的理论和实践意义。

大学生是党和国家的宝贵人才资源，是建设和谐社会的重要力量。加强和改进大学生思想政治教育，促进大学生全面和谐发展，是建设和谐社会的必然要求。将大学生思想政治教育纳入和谐视野下，是由其本质和内涵决定的。在和谐视野下构建大学生思想政治教育模式，既是对大学生思想政治教育工作的正确认识，也是对以往某些思想政治教育模式的反思。和谐视野下，大学生思想政治教育模式应该是从教育目标到教育内容、教育主客体、教育环境、教育方法、教育管理等各方面都贯穿和谐思想，使之形成一个系统、有机的整体。

一、大学生思想政治教育目标的和谐

以往的大学生思想政治教育在教育目标的定位上模糊不清。早期的教育目标定位在“精英”型教育，偏重于对大学生进行政治教育、理想人格教育、高尚道德情操教育，偏离学生的学习、生活、思想，实际效果不理想。大学扩招以后，大学教育开始从精英教育

走向平民教育，倡导一种“大众”型教育，强调德育本身是面向大众、面向生活的，培养的是参与社会的公民，而不是社会精英或者楷模。这种以平常性代替高尚性的教育虽然是对过去“精英”教育的一种反思，但失去了思想政治教育的本质特征。

在和谐视野下，我们重新审视大学生思想政治教育，其目标应该是培养和谐的人，造就和谐的人的个体，就是要使每一个学生都有健全的人格、健康的心理，有正确的世界观、人生观和价值观，能合理地处理个人与自然、个人与社会错综复杂的关系，做到融入自然、融入社会，做到全面发展。这是一个大的目标体系，这个大的目标体系应该由若干个子目标构成：

低层次目标——培养学生成为健全的人；

中间层次目标——培养学生成为社会的人；

高层次目标——培养学生成为一定阶级的人。

这些高低不等的目标构成了一个完整和谐的目标体系，不可或缺也不可偏废。

二、大学生思想政治教育内容的和谐

在和谐视野下要求思想政治教育内容各要素间比例适当、相互协调，有机结合，构成一个整体，既要有高层次的政治教育，又要有知识教育、思想教育、道德教育、心理健康教育、法纪教育等，是个高低层次不等但都不可偏废的有机整体。

此外，大学生思想政治教育也不能缺少生活教育，毕竟教育的根本目的就是教会学生在社会生活中立身处世，学会做人。杜威明确提出“教育即生活”，我国著名教育家陶行知也提出了“生活即教育”“社会即学校”的教育思想。生活教育要求德育从纯粹的理性世界和理想世界中走出来，回归丰富多彩的现实生活世界。在德育目标上实现由约束性德育向发展性德育转变，注重引导学会做人，学会关爱，关注生活，珍爱生命，懂礼貌，具有良好的行为习惯等基础德行的形成；在德育内容上，植根于现实生活之中，服务于生活，突出“生活性”。注重责任心及其培养，诚信教育及诚信品质的培养，同情心及爱心的教育等。

三、大学生思想政治教育主客体的和谐

在传统的思想政治教育理论中，主客体是不和谐的。通常把教师看作教育活动的主体，学生看作教育活动的客体、信息接收的“靶子”，把教师对学生的教育看作是单向的灌输，没有考虑到学生在受教育活动中的积极主动性，违背了思想政治教育形成的规律，也违背了教育的根本目的，实际效果很差。近几年来，“以人为本”的教育理念盛行，开始把学生也看作是教育活动的主体，提倡学生的自主认识、自主选择、自主思维、自主控制以及自主完善等。在教育内容的选择上，关注学生的生活世界，贴近学生、贴近实际，依靠他们、相信他们；在德育教育方法上，倡导对话教育、体验教育、自我教育、个性化教育；在教

育管理上，要求人性化管理。

提倡主体性教育无疑是教育理念上的一大进步，也是破解大学生思想政治教育实效低下的良方；但与此同时，我们仍应看到，思想政治教育工作的主体——教师一般都受过专门训练或经过较长时间的实践，掌握了一定的理论，具有一定的教育经验和能力，加之他们是思想政治工作的组织者、策划者、实施者和调节者，在思想政治工作中发挥着主导性作用。同时要发挥学生的主观能动性，引导学生自我教育，这对学生自身的要求很高，不是每个学生都能做到，且在某些高层次教育内容的教育上，确实还需要教师的引导、说理和灌输，这更需要发挥教师的主导作用。

因此，思想政治工作是"双主体"的工作，离开任何一方的主体性，思想政治工作的有效性都会受到影响，只有当双方的主体性都得到充分体现，思想政治工作才能取得效果。

四、大学生思想政治教育环境的和谐

环境是指影响人的思想政治道德素质形成、发展和教育工作者德育活动的具有内在逻辑联系的一切外部因素的总和，具体包括社会环境、学校环境和家庭环境。

社会环境对大学生的影响是无处不在的，这就要求全社会都来重视大学生思想政治教育的社会环境影响。社会环境对大学生思想政治教育的影响一般是通过微观环境来实现的，特别是学校环境对大学生的思想和行为产生着更为直接的影响。学校环境依据其育人的构成要素，分为教学与学习环境、管理与校风环境、人文与硬件设施环境。

构建和谐的校园景观环境。在校园景观的设计上，要寓德育思想于校园规划建筑设计之中，整体渲染和突出校园基本建设的育人功能；科学布局学校建筑，充分体现大学的文化氛围，达到一种导向、调适效用；精心营造优美洁净的校园环境，让学生在优美的环境中陶冶情操。

大学的人文环境是大学文化内涵、精神底蕴的重要表现，它无时无刻不在潜移默化地影响着置身其中的每一个学生。为此，要重视品味高雅的人文环境建设并发挥其教育功能。

构建和谐的家庭环境。家庭环境主要由家长的职业、文化程度、经济状况、思想政治道德素质等方面构成。家庭是社会的基本细胞，一个人出生后三分之二的时间是在家庭里度过的，家庭教育对一个人的影响是终身的。大学生虽然离开了家庭，但其自身远没有真正独立，对家庭不仅有物质上的依赖，也有精神上的寄托，一个人的家庭环境好不好、家庭氛围是否和谐、家长的思想道德素质怎样都影响着家庭中的孩子。

五、大学生思想政治教育方法的和谐

传统的思想政治教育方法由于存在着明显的弊端，近年来一直在遭到攻击，一些新的教育方法，如生活教育、成长教育、网络教育等受到追捧。其实，各种教育方法都有其优劣，各有不同的适应对象和适应内容，应该互相补充、相互匹配。

显性教育法与隐性教育法相和谐。显性教育是指充分利用各种公开的手段、公共场所，有领导、有组织、有系统的思想政治教育方法。理论教育方法、宣传教育方法、实践教育方法、疏导教育方法、榜样示范方法、批评教育方法等都属于显性教育方法。它的优点非常明显：具有系统地传达社会主义主导思想理论与价值体系并促进学生主动或被动接受的功能，同时它还具有鲜明的思想导向和政治动员的造势能力。但显性教育方法的缺点也非常明显，比如说，有些道德教育内容难以通过直接的显性教育法实施，特别是这种方法容易给学生一种“强迫灌输”的感觉，使学生产生一种逆反心理，制约大学生对教育内容的理解、接受和内化，这在很大程度上影响了思想政治教育的实际效果。

隐性教育法近年来在思想政治理论和实践两方面都受到热捧。与显性教育法相反，它是一种不为教育对象自觉意识到自己在受教育的教育方法，它强调环境氛围的育人功能，重视良好环境氛围的营造，主张通过暗示、启迪、诱导和激励等手段，使受教育者在身边环境氛围的影响下，潜移默化，接受一定社会要求的世界观、价值观、道德文化等。隐性教育法弥补了显性教育法的缺陷：它把教育内容分散“渗透”在大学生生活的各个方面，在不知不觉中影响大学生的思想道德价值观念。这种把抽象的理论寓于具体情境的方式，极大地减少了大学生的逆反心理，而且对他们的思想、道德认知和行为产生了一种无形的但有足够深度的影响，教育效果持久而稳定。但这种方法的缺点在于：由于缺乏系统性和规范性，使得思想政治教育处在一种松散的状态，没有明确的德育目标，极大地影响和削弱了思想道德教育的权威性和效果。

由此，我们可以看出，显性教育法和隐性教育法可以互相补充，弥补了双方的不足，在思想政治教育方法中可以协同作战、相互渗透、相互协调。

灌输法与体验教育、成长教育相和谐。一方面，灌输法仍是大学生思想政治教育的主流方法。思想政治教育带有强烈的意识形态色彩，其规律要求思想政治教育工作者必须对大学生进行科学理论的灌输。另一方面，体验教育、成长教育在大学生思想道德的培养上具有突出的优势。体验教育是建立在尊重受教育者主体地位的基础上，按建构主义原理而生成的一种教育方法。它主要是指品德的学习而不是道德知识的简单转移和传递，是在活动中主动建构自己德行的过程。体验教育要求学校有效地组织道德实践活动，创设富有感染力的真实的道德情境，引发学生对道德的切身体验，理解社会的道德要求，并内化为自己的思想和行为。这种教育方法由于尊重了受教育者的主体地位，符合受教育者的思想形成规律，教育效果持久而稳定。成长教育是组织学生按照一定的规范要求，参加各种实践活动或是在日常生活的行为规范中逐步形成良好的思想品德和行为习惯的一种教育方法。成长教育认为思想品德的形成是日常生活的行为习惯养成的，它注重对学生良好行为习惯的培养，并且通过这种良好的行为让学生逐渐形成道德意识进而内化为自己的道德思想。这种教育方法很好地弥补了传统德育只进脑不进心，学生的道德知识不能转化为道德行为的缺陷，且学生一旦形成良好的行为习惯，就不会轻易改变。

课堂教学与网络教育、心理咨询相和谐。课堂教学作为传统的大学生思想政治教育手段和方法，有其显著优点，但随着现代科技的发展，网络进入大学生的生活且成为一种生活方式。学生在网络中学习、交友、娱乐，在网络中传播信息也被信息传播、影响，如果不重视网络教育，就失去了思想政治教育的一种重要载体，造成思想政治教育的盲区。此外，利用心理咨询进行人生观、价值观教育，道德教育，社会适应教育，完善人格教育等，是对课堂教学的有益补充。处于改革大潮中的大学生，面临人生、理想、专业学习和求职就业等一系列重大问题，心理压力会越来越大。相当多学生的思想问题归根结底是心理问题，这就要求我们用心理咨询的方法，来提高大学生的心理素质，形成健全的人格，进而做好大学生的思想政治教育工作。

六、大学生思想政治教育与管理的相互和谐

《中共中央国务院关于进一步加强和改进大学生思想政治教育的意见》中指出："高尚思想道德的培养，良好社会风尚的形成，既要靠耐心细致的思想教育，又要靠科学规范的严格管理。"因此，管理也是大学生思想政治教育中的重要一环。管理的目的很明确，就是通过各种法律、法规及规章制度来约束人的行为，使大学生按照公共要求和道德规范参与社会生活，正确处理人与人、人与社会、人与自然的关系，这与思想政治教育的目的是一致的。教育通过内在的思想来管理人，管理通过外在的约束来教育人，教育与管理是相和谐的。

在管理工作中要注意科学管理与人本管理相和谐。科学管理强调目标管理、严格的规章制度和计划明确的职责和任务，而人本管理指基于学生的独立人格、自由个性和情感需要，灵活艺术地开展学生管理活动，强调以学生为中心，把发展学生、解放学生作为管理的目的。这两种管理模式应相互匹配，既要有严格的规章制度，加强学生的日常管理，又要施以人性化管理，发展大学生的智慧和能力，尊重他们的需求，同时采用说服教育、感情投入、关心体贴、形象影响、心理沟通、激励尊重等柔性管理方式，把组织者的意愿和管理者的目标变为大学生自发或自觉地行动。

在和谐理念下构建一个和谐的大学生思想政治教育模式，使思想政治教育的各方面、各环节都相互协调、匹配，才能最大限度地发挥思想政治教育工作的"合力"，使思想政治教育工作落到实处。加强和改进大学生思想政治教育工作，是培养全面发展的大学生，实现大学生与社会和谐、与他人和谐、与自身和谐、与自然和谐的重要途径，在和谐视野下对大学生的成长具有潜移默化的影响，对于大学生学习如何做人、做事、做学问起着自然的引导作用。和谐视野是以校园为纽带的各种教育要素的全面、协调、整体优化的育人氛围，是学校教育各子系统及各要素间的协调运转、相互依存、相互协调、相互促进的状态，体现了以人为本、民主法制、公平公正、充满活力、诚信友爱、安定有序、文明整洁的根本要求；是学校与社会互动、教与学相长、自然与人文共融、学校各项事业协调发展的整体效益。在和谐视野下，应创新大学生思想政治教育工作的模式和方法，切实加强和

改进大学生思想政治教育工作模式，促进大学生全面和谐发展。

如何把握大学生的现实思想特征、赋予大学生的思想政治教育的时代内涵，一直是值得探讨的话题。构建社会主义和谐社会是加强和改进当前大学生思想政治教育的理论先导。在和谐视野中去审视和提升大学生的思想政治教育，契合了大学生的成长实际、适应了和谐社会人才培养要求。这对于开创大学生思想政治教育的新局面，为社会主义和谐社会的构建输送高素质的建设者和接班人具有十分重要的意义。

第二节　大学生思想政治教育活动模式

在当前的社会经济形势下，高等教育所面临的内外部环境已经发生了很大的改变，使得大学生的思想政治教育活动开始面对新的机遇和挑战，对新时期的思想政治教育工作提出了新的要求。对此，本节在分析新时期高校思想政治工作的重要意义的基础上，对当前教育模式下的弊端和问题进行了总结，最终就完善大学生思想政治教育活动模式的策略进行重点研究，希望对提升大学生的思想政治工作水平能够有所借鉴和启示。

高等教育的主要目标就是要培养高素质的、能够适应社会主义现代化建设需要的复合型应用型人才，其中大学生的思想政治素质是提高综合素质的基础和前提。然而在新的教育环境下，传统大学生思想政治教育模式下的弊端日益显现，面对网络信息化、经济全球化、政治民主化的社会形势和时代背景，需要大学生思想政治教育工作者坚持与时俱进，加强社会主义核心价值观的指导，创新大学生思想政治教育的内容和活动载体，实现理论教育与实践教育的有效结合，更好地发挥大学生思想政治教育工作的功能和价值。

一、加强开展大学生思想政治教育活动的重要意义

随着社会经济的发展，当代大学生的思想观念和价值观念呈现出了多样化的发展趋势，高校作为文化交织与思维碰撞的前沿，更在一定程度上凸显了思想政治教育活动的重要性。

大学生健康成长的需要。在目前的大学生中，独生子女的数量在不断增多，然而适应新环境的能力却相对较弱，这显然不利于大学生的健康成长。对于目前的高校在校大学生而言，比较突出的问题主要有以下几种：①在进入大学后，学生的学习压力有所降低，很多学生放松了对自己的要求，甚至沉溺于网络，受到一系列负面因素的影响，思想滑坡的问题比较严重；②学生的虚荣心有所增长，经常出现攀比、炫富等现象，自负、自傲的学生越来越多，学生的集体意识和责任感在不断下降；③学生自我约束、自我管理的能力较弱，对于承受生活、情感、学习上的挫折与压力的能力不够强，学生缺乏理性思考，容易出现心理健康问题；④学生的个体意识过于严重，同教师、同学之间的沟通能力在不断下降。面对学生在大学环境中的种种表现，为了提高当代大学生的培养质量，进一步拓展思

想政治教育的职能和范围，不断提高学生的思想政治素质。

应对高校扩招、思想政治教育紧迫性的需要。随着高等教育扩招政策的不断实施，大学生的在校数量与日俱增，大学生在综合素质上的差异也表现得更加明显，这就对传统的思想政治教育活动的模式提出了新的挑战。但是传统的教育模式显然已经无法满足当前思想政治教育的各种需要，有限的教师资源和基础设施决定了不可能再对学生实施全过程、全方位地微观管理与控制。因此，在高校扩招的教育背景下，学生思想政治教育模式与实际需要之间的矛盾越来越突出，需要对思想政治教育活动的传统模式进行创新和发展，增强思想政治教育活动的针对性和有效性。

落实社会主义核心价值观，培养当代高素质大学生的需要。近年来，高等院校培养的学生数量在不断增加，但是毕业大学生的质量没有实现明显提升，这与当前高等教育的初衷和目标是不相符的。在知识经济背景下，随着我国市场经济的不断发展、经济全球化趋势的不断加强，对大学生的综合素质提出了更高的要求，同时要求学生能够真正适应价值取向多样化、思想观念复杂化、学习生活网络化的发展趋势，树立正确的人生观、价值观。尤其是随着全面建设小康社会、构建和谐社会等宏伟目标的提出，各高校只有不断加强思想政治教育工作，才能使学生深刻理解社会主义核心价值观的内涵，高举中国特色社会主义伟大旗帜，以马列主义、毛泽东思想、邓小平理论、“三个代表”重要思想、科学发展观、习近平新时代中国特色社会主义思想为指导，增强自身的综合素质，使之成为中华民族复兴的重要力量，做社会主义现代化建设事业的可靠接班人和合格建设者。

二、传统的思想政治教育模式的弊端

近年来，我国很多高等院校的思想政治教育课程体系已经相对完善，逐步建立了相对高效的思想政治教育队伍，在实践中也积累了很多宝贵的经验，取得了十分显著的成绩。但是在知识经济和网络时代背景下，高校思想政治工作所面临的内外部环境已经发生了很大的改变，出现了许多新的工作内容和特点，迫切需要对传统的大学生思想政治教育活动的开展模式进行创新和发展。传统教育模式下的弊端主要体现在以下几点：

思想政治教育的方法与手段相对落后。传统的大学生思想政治教育，过分依赖课堂讲解和理论知识的普及，采取“灌输式”的教育方法，使学生在思想政治教育活动中始终处于被动地位，不利于调动学生的积极性和主动性。例如，很多学校忽视了爱心服务、社会实践、校园文化建设等隐性教育手段和形式。在课堂教学活动中，师生之间以及学生与学生之间缺乏有效的互动，课堂氛围不够活跃，很多教师忽视了多媒体等现代教育技术的有效应用，使得学生在参与思想政治教育活动时缺乏主动性和热情，甚至有的教师和学生认为思想政治教育活动是可有可无的，导致高校的很多思想政治教育活动浮于表面、流于形式。

大学生思想政治教育活动的组织形式存在缺陷。首先，高校负责思想政治教育工作的组织结构存在缺陷，这是因为大学生的思想政治教育工作通常是由一名党委副书记或副校长主管，学生管理处作为主要的管理与协调部门，代表学校制订和实施思想政治教育工作的目标、内容、计划等，并负责对与思想政治教育活动相关的组织和个人进行考核与评价；校团委则是在校党委的领导下，构建学校、院系、班级的三级组织网络，开展各项思想政治教育活动。但是这与当前高校教育个性化、特色化以及学生在发展中的个性化需求是不相适应的。此外，目前大学生思想政治教育活动的组织形式缺乏开放性，不仅忽视了校园外的教育载体和力量，活动的开展过分强调思想政治素质的增加，而忽视了与其他教育活动的相互促进，造成了高等教育中德育教育和智育教育的分离。这不仅不利于提高思想政治教育工作的全面性、针对性和有效性，也不利于学生综合素质的全面发展。

脱离了大学生的生活与实践。目前的大学生思想政治教育活动，并没有引起学校相关领导和教育工作者的足够重视，思想政治教育观念相对落后，使得思想政治教育的过程和传递的价值很难得到学生的认同，这与大学生思想政治教育活动脱离了学生的生活和社会实践有很大的关系。一般来说，大学生思想政治教育活动的开展，以及学生思想道德素质的提升，是建立在学生对思想政治教育活动的认同和认知基础上的，需要学生经历知、情、意相结合的心理过程，只有这样才能最终内化为学生自身的综合素质。然而，在现有的大学生思想政治教育模式下，各类活动的开展由于与学生的心理感受和思想诉求存在较大的差异，忽略了学生的个性化需求，这对大学生思想政治教育活动的高效开展显然是不利的。

三、完善大学生思想政治教育活动模式的有效措施

坚持“以学生为本”的工作理念。当前形势下大学生思想政治教育活动的开展，应当紧紧围绕人才培养的目标，坚持以学生为主体，突出学生在思想政治教育活动中的主体地位，遵循“育人为本，德育为先”的教育原则，真正做到“以学生为本”。唯有如此，高校借助思想政治教育活动的开展，才能对学生的健康成长和人生发展提供更多的指导和帮助，调动学生在思想政治教育活动中的积极性和主动性，实现学生由“被动接受”到“主动学习”的积极转变。

加强教育组织队伍的建设。面对高校在校学生的不断增加，思想政治教育工作任务不断加剧的现状，加强大学生思想政治教育组织队伍的建设，提高教育工作者的综合素质是至关重要的。首先，学校应当制订完善的教育培训计划，督促教育工作者及时转变教育观念，完善知识结构，丰富开展思想政治教育活动的手段和方法，拓宽教育的渠道和职能，实现教育工作者工作职能的不断提高。其次，学校应当加强辅导员队伍建设，进一步发挥辅导员在学生思想政治教育活动中的职能和作用。这是因为辅导员平时与学生的联系是最为紧密的，教学任务相对较轻，善于把握大学生的思想动向和心智变化规律，有助于增强思想政治教育工作的针对性和有效性。

紧密结合学生的生活实际和个性化需求。随着大学生思想价值观念的日趋多样化、个

性化发展需求的不断增长，大学生思想政治教育工作的开展必须打破传统“填鸭式”“一刀切”的教育模式，积极实现理论教学与实践教育的有效结合，深入学生的生活和实际，突出“以服务为中心”的工作基础，增强大学生的心理素质，帮助大学生树立正确的人生观、价值观和人生发展目标。此外，针对部分学生的个性化需求，教育工作者应当引起足够的重视，确保学生价值观念和思想动态的准确性，增强学生进行自我管理和自我控制的能力。

充分利用网络等现代化的教育手段和方法。要想增强大学生思想政治教育工作的时代性和先进性，提高思想政治教育的成效，教育工作者必须开展思想政治教育活动的手段与方法进行进一步的丰富和发展。例如，网络技术手段的应用，不仅能够增强课堂教育的艺术性和有效性，调动学生的学习主动性，还可以有效缩短师生之间的距离，为师生之间的交流和沟通提供良好的平台。同时，借助社会服务、课外实践等多种教育形式，可以进一步丰富大学生思想政治教育工作的层次感和影响力。

在知识经济背景下，随着大学生思想政治教育工作环境的变化，高校的思想政治工作者应当打破传统教育模式和教育思维的限制，敢于对传统的教育模式和教育手段进行创新和发展，树立正确的工作目标，紧密结合大学生的实际生活和现实需要，增强思想政治教育活动的针对性和实效性，提高当代大学生的综合素质，为我国的社会主义现代化建设培养更多的高素质人才。

第三节　融媒体时代大学生思想政治教育管理模式

社会科技的快速发展最大限度地推动了融媒体时代的发展进程，在此情况下，高校教师就必须要与时俱进地转变思想政治教育管理观念。除了要对现阶段的社会发展情况进行详细地分析和研究之外，还需要进一步地考虑教育管理的各方面要求和学生实际的发展需求，在教育管理过程当中不断地增加融媒体手段和全新管理理念的应用。

融媒体时代的发展为学生的信息获取提供了各种多元化的渠道，大部分学生在实际学习和生活中，都能够利用互联网或者其他设备来获取各种信息。但是，这也意味着学生很容易受网络流传的各种不实信息和不良观念等消极内容的影响，从而对学生正确三观的形成和大学生思想政治教育管理工作造成极大的阻碍。因此，高校教师需要紧随时代步伐做出管理调整，并借助各种先进的管理观念和高效快捷的管理方式来开展具体的教育管理工作。

一、融媒体时代大学生思想政治教育管理模式存在的问题

在教育体制随着教育发展不断进行改革的情况下，高校实际推行的教育制度和管理模式与现代教育的需求和社会的发展存在一定差距。全新推行的教育制度要求学校的制度管

理者负责组织开展针对全校学生的政治教育，但大部分高校由于教育需求和教育环境的影响，制度管理者通常是由书记和校长两个人共同担任的。两人的教育理念会存在一定的差异，会导致学生必须接受来自不同教育理念的管理，这容易使学生的德智体美劳出现较为严重的分歧。而最新推出的高校教育体制决定由校长全权负责思想政治教育管理，但大部分的学校校长并没有投入相应的财力、物力、人力来支持思想政治教育工作的开展，也没有从学生的角度来对教育问题进行分析和管理，从而使得高校的思想政治教育管理工作存在较为严重的问题。另外，大部分高校都是利用行政方法开展管理工作，并没有根据学生的实际情况推行因材施教的教育理念。在工作中没有科学合理地利用目标管理法，也没有引进先进的理念和现代化技术来辅助开展管理工作，可能会导致实际的思想政治教育和管理工作出现偏离目标的现象。

二、全面加强融媒体时代大学生思想政治教育管理的有效措施

（一）加强教育管理体制建设

在社会快速发展和教育体制不断改革的情况下，传统的思想政治教育体制已经不能满足当下的教育工作管理需求，因此，高校教师必须要通过创新和改革寻求教育管理方面的突破。为此，高校需要对原有的党委组织推行的体制进行创新改革，充分地考虑学生的发展需求和教育管理要求，及时地引导党委和校长转变落后的管理理念。要求二者根据相关的管理标准来开展每个阶段的工作，并根据具体的管理情况进行管理方法和管理模式的调整，最大限度地提高二者之间的配合默契度，进而快速地完成全新教育管理体制的全面建设。

例如，相关管理人员可以根据学生群体、教师群体，以及专任教师、职能部门教师等不同的阅读偏好群体进行内容的筛选和整合，并对管理工作进行科学的语言组织和精确地内容筛选，并将相关的管理结果及时地推送给不同的阅读群体。这样才能使教育管理工作更加深入人心、细致入微。另外，校长和校党委还必须全面地加强业务能力较强和素养较高的宣传管理队伍的建设，为管理工作涉及的文字、美编、摄像、采访提供相应的设备和较好的工作环境，这样才能确保快速及时地获得第一手教育管理信息；同时加强新闻传播方面的专业知识教育或者专业人才招聘，引导校级管理人员和教师养成互联网思维，进而完全地将新媒体运用在教育管理工作当中。

（二）借助融媒体手段进行管理

高校可以充分地借助各种高效快捷的网络途径和多媒体教育手段来开展具体的教育管理工作，加强校内教育工作管理评价平台的全面建设。确保实际的教育工作开展情况能够被管理人员了解和把控，以便管理人员根据相关的要求对管理工作进行有效的指挥和调整。同时可以加强具有较高科学化、科技化水平的评估管理系统的引入，利用信息化手段对实际的思想政治教育开展情况和各阶段管理工作承载的问题进行详细的调查，根据科学的评估标准对其进行全面透彻的分析。

例如，构建由团委和党委宣传部为中心校园宣传橱窗、官方微信公众号、学校校刊、学校官网等的党委新闻媒体宣传平台；建立以QQ智慧校园、高校团委官方微博、官方微信平台、校园报社、广播台为主的校团委融媒体平台；由教师组织学生，建立相应的学生协会、学生社团、学生会等辅助管理组织；根据思想政治教育管理的需求，设置相应的微信公众号、微博等管理方式和渠道；安排专业的教师负责对学生的思想政治教育活动进行管理，利用各种高效快捷的媒体渠道和方法实现编辑整理、搜集素材、自主策划等相关操作，并将整理后的内容公布在高校的媒体平台上；还可以和本地的融媒体机构进行合作，将校内优秀的政治教育成果和管理成果报送到日报、电台、电视台等机构进行宣传，通过各种新媒体平台最大限度地发挥思想政治教育管理工作的影响力和凝聚力。

教师想要结合融媒体时代的优势来开展具体的教育管理工作，除了要充分利用传统教育管理过程当中的优势之外，还必须要借助各种有力的媒体环境和途径来加强管理力度。在全方位地加强具有较强严谨性和科学性的思想政治教育内容传播的情况下，更好地掌握高校教育管理各方面发展的具体情况，并根据反馈信息对管理工作进行相应的调整和改进，从而为大学生思想政治教育管理工作在新媒体时代取得较好的成绩奠定良好的基础。

第四节　大学生公寓思想政治教育生态模式

环境因素是思想政治教育诸多因素中的重要内容。思想政治教育的环境因素包涵诸多方面，既包含经济、政治、文化等因素，也包括学校、家庭等因素，可以说思想政治教育是处于一个复杂的社会环境中的。这一系列的因素并不是孤立的，而是相互促进、协同作用的，构成了思想政治教育环境互动的生态链条。环境因素、教育者和受教育者三部分共同构成完整的生态环境。思想政治教育进公寓是当前大学生思想政治教育的新话题和新方向，随着价值观的多元、利益诉求的多样、学生特点新的变化以及大学学分制等因素影响，如何发挥公寓思想政治教育的育人作用，形成公寓思想政治教育生态的良性互动成为公寓思想政治教育的新话题。

一、公寓思想政治教育生态系统的构成

思想政治教育的生态环境包含主体（教育者）、客体（受教育者）、介体（教育的方式和方法）和环体（教育的环境条件），四个因素相辅相成，达到动态平衡。在这个生态系统中，教育的主体是入住公寓的思政辅导员，客体为学生，环体主要是公寓的住宿环境和公寓的文化制度信息等，介体则是教育主体利用公寓环境对教育客体进行教育的方式方法，这几个因素“在不断适应环境的过程中使思想政治教育系统达到动态平衡”。

在该生态系统中，教育的生态环境与教育的主体（辅导员）和客体（学生）相互影响，

教育主体通过教育的手段和途径（介体），充分利用环境的正面影响力来对客体进行思想政治教育。教育环境中具有丰富的影响因素，既有住宿环境等硬件因素，也有教育制度、管理规范、公寓文化等软环境因素。

二、公寓思想政治教育生态的运行模式

公寓思想政治教育生态系统是一个相对复杂的系统环境，各组成要素间相互联系和作用，在系统内外的互动下达到动态平衡。公寓思想政治教育生态循环主要依托两个循环链条，一个是教育者与受教育者之间的主客体生态循环，另一个是教育环境与人之间的生态循环。

公寓思想政治教育主客体之间的互动循环。“教育者与受教育者是思想政治教育活动的最基本的因素，两者的关系也是思想政治教育活动中最核心的关系。”在公寓思想政治教育生态系统中，教育者与受教育者是对立统一的，一方的存在必须以另一方的存在为基础。在实践中，公寓辅导员依据公寓学生具体的生活需求和思想动态针对性地开展相应的思想政治工作，把社会、学校所认可的行为规范和价值观，通过显性和隐性的教育手段和方式“灌输”给学生，使学生形成科学向上的价值取向。随着时间的流逝，“80后”“90后”的公寓辅导员和“95后”学生相应具有不同年龄段的性格和行为特点，这就要求教育者（公寓辅导员）要不断调试自身状态，不断加强自身的教育水平来应对不同的形势，这是主客体循环的一个方面。“教学相长”是教育的基本规律，也是主客体循环的另一个方面，公寓辅导员在解决学生的生活问题、做好思想引导等工作外，也要加强与学生之间的感情交流，充分发挥情绪价值在工作中的应用。通过多方面工作的磨练也间接提高了公寓辅导员的思想政治教育能力和水平，进而形成了教育主体和客体间的生态循环。

公寓思想政治教育环境与人之间的互动循环。“一定的思想政治教育总是有一定的环境联系在一起并形成互动”，观念的形成与现实环境密切相关，在公寓思想政治教育环境与人之间的互动循环当中，公寓的各种软硬环境对教育主体和客体都会产生深刻影响。公寓辅导员通过评价公寓环境来形成公寓思想政治教育的基本判断和教育理念，将公寓所具有的文化内涵融入自己的教育手段当中，进而为思想政治工作服务。公寓的制度规范、文化内涵也会引导学生形成符合学校期待的行为规范，如公寓楼内张贴的“不准吸烟”“不随意丢垃圾”等标语会间接地、潜移默化地规范和约束学生的行为举止，这种行为方式的影响会逐渐扩大而带动和影响整幢公寓楼内学生的行为。除了约束规范作用，公寓环境也会感染和促进学生的发展，公寓楼内开展的各种学风和党建活动，会使优秀学生凝聚在一起，在优秀风气和榜样作用的带动下，其他学生的耳濡目染和亲身体验，也会影响学生的发展。

三、遵循规律，建构良性的公寓思想政治教育生态模式

高校公寓思想政治教育生态系统的良性运转取决于两个循环的和谐互动和相互协调，要使这个系统当中的能量、信息之间达成动态平衡，就必须遵循思想政治教育的发展规律，形成可持续性的生态模式。

以生为本，建构和谐的教育主客体关系。“大学生思想政治教育本质上应当是个体人格和思想政治品德的建构过程，是受教育者个体与社会规范要求的互动过程。”在现实公寓思想政治教育过程中，高校公寓思想政治教育在一定程度上演变成教育者对受教育者人格和行为规范的单向作用过程，只注重一味地“灌输”价值观和要求，从教育者自己的立场出发，为学生搭建所谓的教育平台或者教育途径，而缺乏对大学生实际需求的关注。由于教育者自身的理论素养和专业素质，在公寓思想政治教育中要承担诸如生活、党建、心理、就业等多方面的指导，这使得公寓辅导员在为学生解决问题的能力上显得“力不从心”，从而降低了工作效率及学生对教育者的信任与认可程度。

倡导以生为本的公寓思想政治教育理念，就要求公寓的教育者提高自身的理论素养和调用各方资源的能力，为学生的个体人格发展做好指引和服务。此外，要遵循双向互动的思想政治教育规律，增强学生的主体意识，调动学生参与公寓实践的积极性，在自我管理、自我服务的理念中锻炼自己的能力，建构良好的思想政治品德。

以人为本，建构环境与人的良性互动关系。“人类中心主义”生态伦理学强调人类对环境的绝对占有和支配，环境只是人类的附庸，而以人为本则强调人与环境的和谐互动，人与环境是相互依存的。在公寓思想政治教育过程中，环境因素发挥了重要作用。它是受教育者参与思想政治教育实践的重要平台，也是思想政治教育形成作用的重要载体。从这个意义上讲，教育环境和受教育者是统一的，教育环境的建设与受教育者的主体素质的提升是相互依赖的，要倡导以人为本的环境建构理念，就是要在公寓育人环境的创设中，注重学生的具体需求，发挥学生的能动性，让学生参与到环境建构的活动当中，提高学生的思想政治教育环境建构的自我意识。

以文化为本，建构可持续性的思想政治教育生态模式。从“育人”的角度来看，文化与思想政治教育有着密不可分的内在联系。公寓思想政治教育并不是将公寓与思想政治教育整个大环境独立开来，而应该将其作为大学生思想政治教育的重要组成部分，构筑高校精神和文化理念的衔接，将学校的育人理念和文化内涵等引入公寓这个重要的思想政治教育基地上来。文化作为公寓开展思想政治教育的精神指导，在育人方面发挥着提高思想政治教育针对性、吸引力和感染力的重要作用。

构建稳定的公寓教育内部文化理念，是公寓思想政治教育推进和学生价值观教育的核心内容，如同家风、家训等对家庭价值观的影响，公寓内部的文化理念是公寓思想政治教育生态氛围营造的重要因素，在对学生人格塑造和价值观引导上具有潜移默化的作用。只

有充分发挥具有延续性和传承性的公寓生态文化理念作用，公寓思想政治教育的生态循环才具有可持续性。

第五节　大数据时代大学生思想政治教育模式

大数据时代的到来，让数据信息快速传播、覆盖面广、影响力大，同时也给大学生的思想政治教育工作带来了新的调整。一方面学生可以自由地接触到这些信息，开阔了视野，拓宽了知识面，但是同时也造成学生无法在海量信息中做出正确的判断，迷失了自我，逐渐失去道德观念。另一方面，对于大学生思想政治教育工作者来说大数据能够帮助他们收集、分析学生的思想动态，摆脱了传统思想政治教育的不利因素影响，但是开放的信息让学生脱离教师自主学习，导致思想政治主导有效性降低。针对大数据时代给大学生思想政治教育带来的调整，我们来探讨一下大数据时代大学生思想政治教育模式的创新途径。

一、大数据时代给大学生思想政治教育带来的挑战

大数据的到来，对于学生来说是一下子打开了新世界的大门，各种海量的信息充斥在学生周围，学生的视野一下子变得开阔了，大数据能够满足学生的好奇心，拓展学生的思维，激发学生的求知欲望，提升学生的创造力与自我展示能力，帮助学生展示自我价值。大数据的到来也预示着信息全球化，大学生能够在第一时间接触到来自全球不同国家、不同地区的数据信息。根据这些信息，学生经过判断，从而获取自己想要的信息，并且理解和掌握最专业的知识，强化主体意识，提升学生对课本知识的理解能力，弥补课堂内学不到的知识点，开阔视野。但是大数据的到来，也会给大学生带来一些不良影响，大数据信息各种各样，除了正面、积极的信息，也有负面、消极的信息，在这样海量参差不齐的信息中，学生是否能够用正确的价值观去选择自己想要的信息呢？对于很多学生来说，在海量信息中不知道如何选择，会在大数据中迷失自己。大数据时代的来临给学生带来了海量开放的信息，并且让他们自由地选择、获取、产生数据，一些不良信息会导致学生迷失自我，放纵自己，逐渐失去道德观念，弱化责任感，而大时代信息的快速传播，也会让这些大量的负面信息充斥在学生周围，让一些道德观念薄弱的学生失去意志，无法做出正确的判断，最终导致价值观迷茫。

大数据的到来，对于高校教师来说也会受到一定的挑战。大学生思想政治教育最重要的是师生之间的有效沟通交流，传统的方式基本上是教师找学生个别谈话、举行主题班会等形式，但是这种方式因为受教学能力、心理因素等影响，对学生的思想变化无法及时准确地掌握，也会导致思想政治教育工作结果不理想。大数据时代的到来，学生能够自由地发表自己的看法与意见，通过这些数据的收集、汇总、分析来获取学生的思想动态，打破

了传统的思想政治教育环境，摆脱了传统思想政治教育中的不利因素。通过大数据，及时掌握学生的思想变化，引导学生树立正确的人生观、价值观与世界观，大数据为思想政治教育工作创立了新的教育平台。传统的思想政治教育基本上是教师单方面传授为主，教师讲，学生听，教师讲什么，学生学什么，学生被动地接受教师传授的内容。而大数据信息时代，因为学生能够根据自身需求去挖掘、分析数据，形成自我认知，容易导致师生之间的思想政治理解度不一样。因为大数据使得人人都能够在第一时间获取信息，学生也一样，在获取信息的时候可能会比教师更早、更全面，而且在获取信息的时候，学生比较喜欢收集利于自己判断的信息，这些信息可能会影响正确的价值观念，这也会导致高校教师在进行思想政治教育工作的时候受到挑战。大数据具有开放、多元、便捷的特点，所以学生可以利用课余时间接受教育，可以脱离教师自主学习，这也导致这些大学生无法进行潜移默化、长期的思想政治教育，使思想政治教育的主导有效性大大降低，影响大学生思想政治教育的有效性。

二、大数据时代高校教育模式创新途径

树立大数据意识，提高思想政治教育创新意识。全球互联网用户已经达到35亿，相当于全球人口的47%，而我国的网民已经达到了7.21亿，移动网民数量也达到了5.27亿，这些数据都表明了互联网信息在我们生活中随处可见。大数据时代的到来，让信息传播更加快速，信息覆盖面也越来越广，同时信息管控难度也越来越大，大学生思想政治教育应该适应大数据，树立大数据意识，才能够提高有效性。在大数据环境下，大学生思想政治教育工作者应该具备数据信息的敏感性，对于能够提升大学生价值取向与精神风貌的内容要多加收集，挖掘出这些信息的规律，并且进行有效地利用，以提升大学生思想政治教育的有效性。在进行思想政治教育工作时，不要局限于传统教学方法，要不断改进和创新，从众多数据中发现关联性，从宏观上进行整体把控，及时掌握学生的思想动态变化，根据学生的实际情况与思想政治需求进行针对性的教育，从而提高思想政治教育的有效性，提升学生思想政治的正确价值观念。

分析大数据，开拓思想政治教育途径。思想政治教育就是思想信息的交流，借助语言、文字、行为等传递正确的思想动态。大数据时代，教师可以通过收集学生查阅、分享、制作的数据，科学地分析这些数据，初步掌握学生的思想变化，为思想政治教育工作提供一定的参考数据。学生的思想变化是复杂的，所以大学生思想政治教育工作者要借助大数据开放、便捷、共享的特点，多渠道地收集不同学科、不同学习资源的信息，多角度地对数据进行分析，以便更加全面地掌握学生的思想动态。大数据的到来，让思想政治教育工作者可以在不同空间、随时随地进行思想政治教育，教师可以根据不同的场合采用不同的教育方法，让学生接受思想政治教育。比如平时可以利用微信、QQ等网络沟通工具与学生交流，与学生做朋友，再根据情况有针对性地、隐蔽地开展教育工作。大学生思想政治教

育还要做好预防工作，教师可以根据大数据传播速度快、信息覆盖面广等特点，主动创作一些有利信息，让更多的学生能够接受思想政治教育。

结合大数据的特点，创新思想政治教育有效机制。大数据是开放的，信息可以共享，所以要做好信息保密工作，减少个人信息的泄露。思想政治教育工作者在对学生的思想动态进行收集、分析时，也要注意信息安全问题，注意保护学生的个人隐私，加大学生信息、个人隐私的保护力度。大数据时代下，对思想政治教育专业人才的要求也越来越高，所以高校还应该做好专业人才的培养工作，提升思想政治教育。工作效率。一方面可以对现有的教师队伍进行培训，树立大数据意识，运用大数据技术提升思想政治教育效果；另一方面也可以引进专业人才，提高思想政治教育队伍的综合素质水平。

创建大学生思想政治教育大数据队伍，构建高校思想政治教学辅助系统。要想实现大数据的导入、问题分析以及实际运用，关键是要靠专业性队伍。传统的课堂是依靠教师知识传授，以考试成绩作为学生的评价标准；而大数据是通过动态性与过程性的综合评价指标，通过学生综合素质能力测评、社会热点评述、网络小论文等各方面来综合评判，更加全面地体现了大学生思想政治教育的教学目标，所以创建一支大学生思想政治教育大数据收集、分析、教育队伍，尤为重要。大数据收集队伍主要负责数据平台的建设以及动态收集工作，通过数据来挖掘出学生比较关注的热点，自动生成大数据结果表；大数据分析队伍主要是由有计算机经验的教师组成，根据需求能够运用计算机算法及公式来分析不同大数据信息的相互关联性；而教育队伍则由思想政治教育教师组成，通过大数据分析结果，及时地进行问题跟踪与处理。通过大数据分析后呈现出来的问题，可以通过开放式的互联网资源寻找相关资料，让思想政治教育具有前瞻性，能够分析学生思想政治教育中存在的问题，有针对性地进行课堂教学，不仅能够提升学生的思想政治综合素质，也能够提升教师自身的思想政治教育理论，对学生关注的问题及时地进行指导与解答，从而构建起集技术、分析、教育于一体的大学生思想政治教育辅助系统。

大数据时代给大学生思想政治教育带来了新的挑战，也带来了机遇，只要掌握大数据的特点，树立大数据意识、分析大数据、结合大数据特点来创新大学生思想政治教育方式，就能提高教学的有效性。当然，大数据时代下大学生思想政治教育不是一个人的事，需要靠不同专长的教师共同努力，全面提升大学生的思想政治教育水平。

第六节　学习共同体视域下大学生思想政治教育模式

随着社会经济的不断发展，我国高校教育也进行了不断地改革和创新，其中高校的思想政治教育成为高校教育模式改革的重要内容，是教育界很多专家重点研究的课题之一。随着我国社会的不断进步，我国不仅需要创新能力和实践能力较强的人才，还需要高水平的思想政治素质人才。很多高校都对思想政治教育进行了积极的探索，其中也获得了一些显著的成绩，而将学习共同体应用在大学生思想政治教育中是一种创新的教育方式，有着传统教育模式所不能比拟的优势。

一、学习共同体概述

学习共同体来源于“共同体”和“实践共同体”，其是两者密切连接起来的产物。学习共同体是指让学生和教师连结在一起，两者在共同的学习活动中围绕一个主题，在相同的学习氛围中，通过活动、参与、反思、对话、合作解决问题等多种模式来构建的一个具有独特文化氛围的动态结构。在学习共同体中，教师和学生能够在共同的学习活动中展开充分的交流与沟通，不同的主体对彼此的学习资源进行学习和互享，继而促使学习主体之间的知识、情感、思想等相互学习甚至是创新。在共同学习的过程中，教师和学生之间的关系会变得更加的和谐，在学习和沟通中不仅获取了知识，也收获了快乐。可以这样说，学习共同体不仅是一种学习组织方式，也是一种能够促进人际交往和谐的重要途径，同时是一种科学育人的重要形式。在学习共同体的组织学习方式中，教师和学生以一种对等的关系进行学习，不仅促进了信息之间相互流通，也实现了师生之间的情感交流。

二、学习共同体的基本特征

（一）学习共同体有共同的学习目标

学习共同体的基础是设定共同的学习目标，只有设定了共同的学习目标，学习共同体才能发挥出应有的作用。学习共同体是以共同学习目标为根本的学习组织形式，这个形式是可以通过班级、小组、学习等形式进行的。同时，学习共同体的学习组织形式也是分层次进行的，这个层次是可以深入扩展的。本节所讨论的学习共同体主要是以班级和小组这样的模式进行的学习形式。在以学习共同体为基础开展的班级或者小组的学习活动中，学生和教师都有一个相同的学习目标，都是针对一个问题展开讨论和行动，或者是针对某一个话题进行热烈讨论。在这个相同的学习目标中，教师和学生之间能够进行多样性的影响作用，并且使自己的长处和优势得到最大限度地发挥。在这个相同的学习目标中，小组和成员之间是相互依存、相互作用的，他们共同构成了一个完整的整体。学习共同体是相同的学习目标对个体或者组织都是有利的。其一，这个相同的学习目标能够给每一个个体强烈的归属感和动力，促进组织个体不断地进步和发展；其二，共同的学习目标能够为组织中的个体提供共同发挥力量的平台，每一个成员都可以参与其中，共同促进学习目标的实现。

（二）学习共同体重视个体之间的互利沟通和相互尊重

学习共同体以班级为形式展开，在这个过程中，教师和学生能够进行彼此之间的交流与沟通，并且在一定的学习氛围中进行思考与评判，进而实现对知识的理解和掌握。在学习共同体的课堂学习中，两个交往的主体是教师和所有的学生，教师和学生之间强调的是一种对等的关系。学习共同体的学习主体不只是以教育对方和改变对方为目的，而是成为一种在一个共同话题中相互合作和沟通的“你”和“我”，教师和学生变成了一个合作的参与者。在这样一种新型的关系结构中，学生不再只是被动地接受教师所传授的知识，而是一个积极参与知识学习和探索的主体；而教师也不再是过去传统的知识的教授者，而是学生思想和学习上的引导者。

（三）学习共同体帮助师生共同成长

上文已经说到，以学习共同体为学习组织形式的课程教学，教师和学生是一个对等的动态关系。首先，其教学内容不再只是重视对知识的传授，而是引导学生自主学习，教师从中起引导作用。另外，在教学中教师也不再只是教学的主导者，教师不仅可以扮演知识传授的角色，也可以扮演学习交流中的参与者，有时候甚至是被教育的人员；同时，学生在接受教师教育的时候，也可以成为教育教师的人员。借助学习共同体的组织教学，学生和教师是学习的双主体，对学习有着同等的权利和责任，教师和学生相互合作，彼此相互交流，通过一系列的共同活动实现知识的交互、情感的交流，最大限度地发挥彼此的优势和作用，并且使自己和对方的知识变得更加的丰富，从而达到更好的学习效果。

三、学习共同体在大学生思想政治教育中的作用

学习共同体的组织教学形式对大学生思想政治教育有着重要的作用和影响，其中发挥的价值和作用主要可以通过以下几个方面体现出来：

学习共同体是提升教学效果的最佳方式。学习共同体和高校的思想政治教育是相互协调的，是完全符合大学生思想政治教育目标的学习组织形式，将学习共同体应用在高校的思想政治教育课程中去，是一种提升教学效果的最佳方式。思想政治教育是高校教学的一个重要组成部分，与其他的课程教育相比，高校的思想政治教育课程显得很特殊，思想政治教育不仅仅只重视对学生知识的教学和传授，更加重视的是引导学生树立正确的世界观、人生观和价值观。高校的思想政治教育是为了帮助学生学习马克思主义理论、社会主义核心价值观，培养学生发现问题、分析问题以及解决问题的能力，这些方面只依靠教师的课程教学是不能实现的。学生形成正确的价值观需要形成理性思维的习惯、需要一定的情感共鸣；同时，学生思维方式的培养也需要他们自主地探索和学习。而在学习共同体教学模式中，高校的思想政治教育课堂将会以小组组织的形式开展，在设定一定的学习目标的情况下，学生能够更加积极和主动地参与学习、讨论，主动地学习和思考，并且通过积极主动的探索，学生的思维能力会得到大幅度的提升。学生和学生之间能够在相互的交流和沟通中，彼此相互作用和影响，进而加深学生对知识的理解和掌握，并且对思想政治教育中科学的价值观有所认同。

学习共同体是提升教学针对性和实效性的重要方式。学习共同体给予教师和学生一个自由沟通的场所，在这个学习空间里，教师和学生的地位是平等的，这是思想政治课教育

中教师了解学生、学生认同教师的重要前提，教师能够有计划地设置出教学的形式和课堂的情境教学，进而提升思想政治教学的针对性和实效性。例如，约翰·杜威是美国著名的进步教育学家，他在《民主主义与教育》一书中提道:“在共同、共同体和沟通这几个词之间，不仅字面上有联系，人们因为有共同的东西而生活在一个共同体内；而沟通乃是他们达到占有共同的动机的方法。”高校的思想政治教学课程中，教师所承担的任务比较重，教师不仅需要对教科书有深入的了解，明确地知道教学的目标、内容和任务，还需要对学生的真实想法有深刻的了解，了解学生所关注的问题、了解学生所掌握的知识、了解学生的内心世界，只有这样教师才能做到与学生相互了解。基于这样的基础，教师在课堂教学中才能设计出适合学生或者是学生感兴趣的内容，激发学生的兴趣和学习动机，引导学生参与课程教学。教师需要根据学生现有的知识基础，为学生构建出新旧知识的关系，并且以此为切入点引导学生参与讨论，以启发的方式引导学生养成思考的好习惯，自主掌握知识的规律，自觉改正思想上的不足，引导学生的学习朝着有意义的方向前进。

学习共同体是弥补应试教育不足的重要方式。传统的教学模式下，教师重视学生的成绩与分数，其教学过程也是采取灌输式的教学方式，其教学模式有很多的不足，它不仅限制了学生的天性，也限制了学生多样化的发展；而学习共同体是对传统教育模式的一种反击，它否定了将学生作为知识容器的教学方式，反对灌输式的教学，提倡交互式的教学形式，认为教学过程是一种对话的过程，是教师和学生之间互相学习、交流、理解的过程。通过教师和学生之间的对话，学生能够对自己有更深刻的认识，对他人学会理解、学会与别人交往，激发理性的思维，形成批判、反思的思维方式，培养创新思维意识。因此，将学习共同体应用在高校思想政治教育中，将能更好地培养学生的学习能力、沟通能力、实践能力以及创新能力，对培养社会主义合格接班人起着重要作用。

四、学习共同体视域下大学生思想政治教育模式策略

构建学习共同体和谐的人际关系。采用学习共同体模式的大学生思想政治教育需要以构建和谐的人际关系为前提。学习共同体模式下的大学生思想政治教育是一个教师和学生交互的过程，在这样的教学课堂中，教师和学生对这个教学课堂完全地信任，这是学习双主体互相学习的家园。教师和学生之间的关系只有维持和谐的氛围，学生才能更加放心地学习，学生才能获得精神的归属，进而也对思想政治教育的目标有所认同，主动地参与学习过程，共同致力于完成学习目标，在学习的过程中大家共同进步。高校的思想政治教育想要构建师生和谐的关系，首先需要对现有的师生关系进行反思，教师应该以“以人为本”的教学思想进行教学，重视学生学习的主体地位，在教学中应该关心学生、爱护学生、尊重学生、善于发现学生的潜能以及学生身上的优势，并且适时地激发和鼓励学生勇于表现自己，不能对学生有太高的要求，对学生的缺点也要包容。其次，教师应该重新认识学生之间的关系，教师应该善于引导学生树立正确的竞争意识，杜绝学生之间的不良竞争关系，

应该让学生深刻地认识到不通过交流和沟通的知识是不完善的，学生只有将自己学习中的发现主动与别人分享，才能实现与同学之间的情感共鸣和知识的交互。

构建学习共同体互动的平台。每一个学生都认真地学习并不是学习共同体，学习并不是孤军奋战，而是学生之间相互的合作和配合。学习共同体是相互合作、交流、沟通，是情感和知识共享的一个过程。教师要善于调动学生参与学习沟通的主动性，为学生构建一个互动的平台。首先，教师需要以思想政治课教学内容为基础，为学生设计出感兴趣的话题或者问题，只有学生对这个话题感兴趣，他们才更加愿意参与教学讨论的活动，才能培养学生之间的默契，将学习信息最大范围地扩展，提升学习的成效。其次，教师作为教学的组织者，需要对学生的心理特点和学习基础有深刻的理解，提出合适的问题，并且能够对不同的学生采取适当的引导方式，这也是对教师教学能力的一个重要考验。

营造学习共同体良好的学习氛围。高校的思想政治教育通过创设问题，促使学生能够在相互合作的基础上对知识进行分析和讨论，分享自己的意见和观点，使学生能够深刻地认识到学习是一件快乐的事情。首先，学习共同体模式下的大学生思想政治教育的重要内容就是培养学生之间的合作能力，以及对彼此欣赏的能力。因此，高校的思想政治教育课需要为学生营造一个良好的学习氛围，鼓励学生相互学习、相互欣赏，通过分享获取快乐。其次，学习共同体模式下的大学生思想政治教育是培养学生合作意识的教育，教师需要多通过小组学习的形式，让每一个学生都能感受到集体的归属感和荣誉感。另外，还需要培养学生的宽容意识，在学习共同体下，学生的思想和知识水平都是不一样的，不同的知识有着不同的来源和背景，不能对知识进行等级的划分，而应该鼓励学生在对问题的讨论中各抒己见。

综上所述，经过高校对学习共同体的不断研究可以发现，学习共同体能够让学生通过实践体会到自身的积极价值，并且也能够激发大学生对思想政治学习的兴趣，促使学生能够主动地学习，不断地成长，真正地感受到学习思想政治教育课的意义，从而找到自己人生的方向和价值。

第七节 高校共青团思想政治教育工作模式

高校团组织是党委、行政联系广大青年学生的桥梁和纽带，在思想政治教育中担当着独特的角色，发挥着积极的作用。团干部要深刻领会中共中央文件精神，努力探索共青团新的工作模式，促进大学生思想政治教育的创新与发展。本节紧密结合实践成果，就新时期高校共青团在大学生思想政治教育中面临的新挑战、探索的新模式和取得的新成效进行深入阐述。

一、高校共青团思想政治教育工作的新挑战

新时期青年大学生的新特点。从总体上来看，当代大学生普遍认同中国特色社会主义共同理想，拥护中国共产党领导，拥护国家的大政方针，关心改革开放的各项举措，对于中国梦的实现充满着信心。他们思想活跃，兴趣广泛，积极参加各种实践活动，重视自我的专业发展及自身价值的实现；关心时事政策，关注社会发展。但是，"一些大学生不同程度地存在着政治信仰迷茫、理想信念模糊、价值取向扭曲、诚信意识淡薄、社会责任感缺乏、艰苦奋斗精神淡化、团结协作观念较差、心理素质欠佳等问题"。

与其他社会群体相比较，当代大学生群体具有鲜明的特点。一是群体规模大、数量多。根据国家统计局《2014 年国民经济和社会发展统计公报》，全年在学研究生 184.8 万人、在校本专科生 2547.7 万人，总规模达 2732.5 万人。二是以"90 后"为主体，独生子女占大多数。他们出生于改革开放年代，伴随着社会主义市场经济建设而成长，经历了经济社会的快速发展和思想观念的加速变迁。三是接受了规范化的正统教育，价值取向积极健康向上。

国内外形势变化所带来的新挑战。改革开放 30 多年来，解放思想、与时俱进、敢于创新的局面已经形成，人们思想活动的独立性、活跃性、选择性和多维化程度增强。社会环境的潜移默化作用，既有利于大学生独立意识、成才意识和创新精神的培养，但也容易产生负面影响。随着现代科技的迅猛发展，各种便捷的高新科技工具得到广泛使用，人们通过互联网、微博、微信、QQ 等即时通信工具实现了信息传送、沟通交流的即时传播，大学生的世界观、人生观和价值观呈现出多元化态势。在处于社会转型期的今天，各种新的文化思潮和价值观念冲击着大学生的思想。"80 后""90 后"大学生大多是独生子女，独特的生活环境使他们普遍存在着以自我为中心、生活自理能力较差、抗挫折能力较弱、自我期望值过高、学习生活条件要求过高等问题。个别学生不同程度地存在着思想迷茫、精神懈怠、理想缺失、集体观念淡薄和责任意识不强等问题。

共青团组织自身局限性所带来的新挑战。随着现代社会的高速发展，广大青年的需求日趋丰富，但有些团组织的工作方式和方法还没有走出计划经济体制的束缚。比如，习惯于根据面上情况制定规划，较少深入细致地解决问题；习惯于自上而下的指令性工作部署，较少深入基层分类指导服务；习惯于"号召型""活动型"的群众工作方式，较少深入细致地开展针对性的工作。面对新形势，部分高校团组织仍沿用以往旧的活动方式，脱离了时代现实，具体表现在网络思想政治教育工作与网络的快速发展不相适应；思想政治教育措施缺乏系统性、连贯性和针对性；理论研究水平偏低，研究深度不够，研究成果偏少。

思想政治理论课教学内容与经济社会发展相脱节所带来的新挑战。大学生思想政治教育以"思想政治理论课"为主渠道、主阵地，而理论联系实际又是最重要的教学原则，思政课教学倘若违背了这一原则，势必会成为"无本之木、无源之水"。而在实际教学中，许多高校都不同程度地存在着理论脱离实际的情况，把思政课讲成纯理论条条，变成了空

洞的说教。从教学内容来看，一是部分内容与中学课程存在着重复，高校思政课在学生眼里无疑是在“炒冷饭”，缺乏应有的吸引力；二是各门课程之间许多内容存在交叉重叠，学生认为虽然学习了几门课，但都是在重复，调动不了学习热情；三是教学内容更新速度较慢，总是滞后于实践，缺乏时代感、超前性，学生学习的兴趣索然；四是由于学科的不断整合，导致新教材内容多，受课时数限制，有些内容很难展开讲，以致教学与现实社会、市场经济脱节，学生很难理解和接受，没有达到预期效果。

二、高校共青团思想政治教育工作的新模式

深化团员理论学习活动，以科学理论武装人。一是坚持系统理论学习，加强团的思想建设。在理论学习活动中，要把提高理论水平与强化素质养成结合起来，丰富主题实践载体形式。要坚持团员意识教育与大学生思想政治教育相结合，贯彻落实中共中央 16 号、中办发 59 号文件精神，深入开展爱国主义、集体主义和社会主义教育，主动践行社会主义核心价值观，切实提高教育活动的思想性和针对性。二是坚持党建带团建，加强团的组织建设。首先，要切实加强对团工作的领导。高校各级党组织要提高认识，定期召开会议，研讨和解决团工作方面的重要问题。其次，要从制度上规范团的工作，使之沿着正确的方向健康发展。最后，要坚持将开展群众路线教育实践活动、“三严三实”专题教育活动与团员意识教育活动结合起来，深化党建带团建工作。三是尊重团组织的创造性和团员的主体作用。“人民群众是人类历史的创造者”，在各项工作中，要充分发挥基层团组织的创造性，放手让他们开展工作，开拓创新，探索行之有效的工作方式及其途径。此外，还要高度重视团员的主体作用，充分发挥团员的主动性。

拓展学生的社会实践活动，以深入实践锻造人。当前高校思政课教学，较为重视传授基本知识、基本理论，但在开展实践教学、让学生亲身体验方面做得还不够。要广泛开展专业实践、课程实践，广泛开展生产实践、社会实践，广泛开展社团活动、青年志愿者活动，使学生通过实践了解国情社情民情，感受改革开放成就，培养实践能力，锤炼专业技能，坚定“三个自信”。青年志愿者活动是当代大学生传承中华优秀传统，弘扬民族精神、时代精神和革命精神的行动体现。对于大学生的成长来说，青年志愿者活动有助于内化道德要求，培养良好品行，养成道德习惯。例如，笔者所在工作单位的团委就结合广州地区社会经济发展需要，组织开展诸如“服务亚运会”“服务广交会”“阳光育苗行动”等活动，既服务了社会，取得了良好的社会影响和认可，又使学生得到了锻炼。

建设积极健康的校园文化，以先进文化塑造人。积极建设健康向上的校园文化，优化育人环境，是培养社会主义“四有”新人的客观要求。高校团组织可以通过开展学生喜爱、富有格调、特色突出的校园文化活动，从而进一步弘扬、培育大学精神，形成健康、文明、向上的校园文化氛围，活跃校园学术氛围。笔者所在单位的团委重视营造温馨的、充满人文关怀的氛围。比如，每年举办仲恺香凝文化节，帮助学生树立健康第一的理念，组织“走

下网络、走出宿舍、走向操场”群众性课外体育锻炼系列活动，创造良好的促进学生全面成才的外部条件。

积极促进大学生就业创业，以优质就业激励人才。近年来，毕业生就业难的问题逐年加重。共青团组织参与化解就业难的矛盾，就是要结合实际，发挥自身优势，在组织勤工俭学活动、开展就业演练、更新就业理念等方面主动作为。通过开展多种形式的教育实践活动，促使大学生树立正确的就业观和择业观；通过各类学生社团，如大学生职业发展协会、农工教育发展协会，举办各类竞赛活动，开展诸如大学生职业生涯规划大赛、大学生学业规划大赛等活动，营造优良的“规划大学四年学习，规划自身职业生涯”的氛围；积极建设各类“就业见习基地”，让大学生在校期间有机会到基地见习，提高就业创业的本领。

强化网络思想教育功能，以网络文化熏陶人。党的十八大报告指出：“要加强和改进网络内容建设，唱响网上主旋律。加强网络社会管理，推进网络规范有序运行。”作为党的助手和后备军的团组织：一是要加强管理制度建设，构建网络监督、引导机制，抓好基层团组织、社团组织、专业班级网页内容审核工作，抓好校园网络进、出内容审核工作；二是要建设“红色”网站、微博和微信，唱响网上主旋律，以正面内容充实网络，弘扬正能量；三是要提高共青团网络的吸引力，通过自身“红色”网站、微信公众号和官方微博发布教学活动、校园生活的动态信息，以平等交流的方式进行热点事件的正面引导，提供兼具知识性、思想性和趣味性的服务，充分发挥“红色”网站、微博和微信潜移默化式的熏陶作用。

主动帮扶“弱势群体”学生，以贴心服务暖人心。在朝着“全面建成小康社会”“奋力实现中华民族伟大复兴中国梦”的目标迈进的时候，团组织应当对“弱势群体”学生，即存在经济贫困、学习困难、心理问题、情感困惑、身体伤害或家庭变故等问题的学生，给予无微不至的关怀和帮助。当前，在党和政府、社会各界人士热心关爱、大力资助之下，贫困生的困难状况正在得到一定程度的缓解。同时，他们还可通过勤工俭学，依靠自身的努力克服困难。共青团组织应当关注、关爱他们，一方面要与他们交朋友，既从物质上给予扶助，又从精神上给予帮扶，使他们坚定“克服困难”的信心；另一方面，还要构建长效帮扶机制，实行跟踪管理制度，使“弱势群体”学生完成学业。

三、共青团组织在服务大学生成长成才中增强了整体活力

提高了思想政治教育的实效性。团组织坚持解决思想问题与解决实际问题相结合的原则，重视拓展社会实践，使学生锻炼成长。团干部在实践活动中，与学生平等交流，更易于掌握学生的心理活动，摸准学生的思想动态，针对性地进行教育。大学生在深入实践活动中，将会更为积极、主动，思想政治教育的实效性也更强。

赢得了广大青年学生的信任感。祖国的未来属于青年，重视青年就是重视未来。组织青年、引导青年、服务青年、维护青少年权益，是共青团的基本职能。团干部只有脚踏实

地干一番事业，才能赢得学生的信任，提高自己的威望，增强团组织的吸引力。受社会经济发展的影响，当代大学生的学风更为务实，注重真才实学，注重实践锻炼，注重学习实效。他们更乐于参加社会实践，在实践活动中证明真理，得到真理。团组织创新工作模式，发挥自身专长，开展丰富多彩的实践活动，组织学生学习理论，必将有利于引导大学生践行社会主义核心价值观，服务学生成长成才，也一定会赢得广泛信任。

增强了共青团组织的凝聚力。健全和完善共青团工作规范，加强信息交流，促进互相沟通，听取团员的意见和建议，让广大团员参与工作决策与管理。注意了解每一位团员青年的个性、特长，做到“知人善任”“人尽其才”，使“英雄”有“用武之地”。注重引导学生正确地认识个人与集体、个人与社会的关系，正确处理个人利益与集体利益、个人利益与社会利益的统一关系，使广大团员树立正确的集体主义价值观，增强团组织的凝聚力和向心力。实践证明，不断创新思想政治教育工作模式，团的工作将变得更为有效。

扩大了高校共青团的影响力。高校团组织在履行职能的过程中，广泛接触社会各界，广泛动员团员青年，通过“社会化”工作方式扩大了自身的影响力。在帮扶“弱势群体”学生时，向社会各界募捐善款，为学生寻找、提供勤工助学岗位；在服务学生就业创业时，与产业单位联系，共建“就业创业见习基地”，并组织学生赴各地实践；在开展网络思想教育时，通过“红色”网站、微信公众号和官方微博，对学生进行思想教育引导；在进行团组织民主管理时，建立民主管理、民主监督制度，让广大团员参与团的事务，使他们充分发扬民主意识，提高参政、议政的能力。所有这些履职行为都在无形中扩大了团组织的影响力。

第八节　大学生思想政治教育的“学校—教师—学生”互动模式

思想政治教育的主体间性转向研究是思想政治教育的前沿课题之一。主体间性思想政治教育不是对主体性思想政治教育的否定，而是在继承的基础上对主体性思想政治教育进行现代修正，是重新确立和超越，即由单极主体性走向交互主体性。尽管对于“教育者—受教育者”的“主体—客体”关系向“主体—主体”关系的转向，学界仍存争议，但是对于教育者和受教育者在思想政治教育活动中的平等互动关系已形成了普遍共识。然而，从思想政治教育的实效性角度来看，教育者和受教育者共同作为思想政治教育主体存在的交往互动模式较以往的“主体—客体”模式对受教育者的影响并不显著，这为深入研究主体间性思想政治教育提出了要求。

一、大学生思想政治教育系统中的主体

高校主体间性思想政治教育是在扬弃了传统思想政治教育主客体关系的基础上建立起来的，是思想政治教育活动参与者之间的平等互动关系。其理论基础是马克思关于人的本质的论断。马克思说："人的本质并不是单个人所固有的抽象物。在其现实性上，它是一切社会关系的总和。"由此把人理解为现实的、活生生的、具体的人，是一种社会实践的存在。正是在实践活动中，人把自身以外的一切存在变成自己的活动对象，变成自己的客体；与此同时，也就使人自己成为主体的存在，就出现了主体和客体两个哲学范畴。在人的活动中，人属于能动的主导的方面，人是自己活动的发动者、组织者和承担者，即人是支配人的活动的主体。对象在人的活动中处于主体之外，其存在不以主体为转移，是受动者，处于被动的从属地位，这就意味着它是人的活动的客体。主体和客体是对立统一的关系，是主体与客体在实践活动的基础上以主体为核心建立的自觉的对立和统一关系。其统一的实质是主体将客体同化，使主体需要得到满足，同时主体自身也得到改造，提升到新的水平。马克思揭示了一个基本事实，人的主体能力来自实践活动，主体性也只能由实践的性质所决定。

大学生思想政治教育活动的特殊性决定了学校、教师和学生共同作为思想政治教育的主体存在。大学生思想政治教育活动是教育者按照一定的社会要求有目的地影响受教育者思想政治素质形成的过程。它是从外部对受教育者施加积极影响的过程，也是教育者和受教育者共同参与、相互作用的过程。这个过程受三方面因素的影响：一是教育者所施加的自觉影响，包括直接和间接的教育者个体和群体如学校教师、家长及其他社会群体的思想政治教育者所施加的影响。二是社会环境因素的自发影响。对于大学生思想政治教育而言，学校成为各种环境因素的主导，良好的思想政治教育的氛围在思想政治教育活动中发挥着积极、正面的影响。三是受教育者所施加的自觉影响。受教育者认同教育目标和教育要求，独立做出判断和选择，自主调节行为，并在实践中完善自身品德，丰富和发展社会道德规范的自主性、能动性和创造性。如果受教育者不能认同教育内容的价值，和教育者之间较少互动，较少配合教育者，思想政治教育的效果就会受到极大的影响。在实际工作中，上述三个方面紧密联系在一起。

一般认为，教育者（教师）和受教育者是思想政治教育过程的两个主要因素，然而如果缺少了环境因素，思想政治教育亦不能完成，环境因素是思想政治教育必不可少的因素。在大学生思想政治教育活动中，对人的思想品德形成、发展产生重要影响的环境便是由学校主导的。学校既为思想政治教育活动提供必要的物质条件，亦通过各种政策和制度对思想政治教育的精神氛围起着决定性的影响，社会政治、经济和文化等大环境主要也是通过学校这个小环境作用于教育者（教师）和受教育者。学校、教师和学生在思想政治教育活动中的地位是平等的，如果没有学校和教师的存在，也就不会有所谓的学生，反之亦然，

三者之间是一种相互依存的关系。学校、教师和学生有意识地依据自身发展需要影响教育活动，使得自身得到改造，提升到新的水平。因此，包括以集团形态存在的学校在内的教育者和受教育者共同构成了思想政治教育活动的主体。

高校主体间性思想政治教育不是对马克思主客体关系的否定，而恰恰是印证了马克思主义的“人的社会”和“社会的人”的思想。思想政治教育并非单纯地传授思想观念、政治观点和道德规范的知识教育过程，而是一种涵盖历史、文化特质的社会交往活动。大学生思想政治教育活动是在教育者和受教育者之间展开的，没有相互交往，就不可能有思想政治教育活动。在交往活动中，学校、教师和学生都表现出能动性、自主性和创造性。思想政治素质形成的过程，既是受教育者主体内部矛盾运动的过程，也是一个受教育者主体与外界各种影响作用的过程。在这个过程中，教师、学校和学生之间形成了相互依存和相互影响的交往互动模式。

二、“学校—教师—学生”的互动模式

现实中的人都是生活在一定社会关系中的人。人们在社会关系中处于不同的地位，使他们产生了不同的利益、思想和感情，造成了个人或集团区别于他人、他集团的特殊性质。作为大学生思想政治教育主体的学校、教师和学生也因其在社会中所处的不同社会地位而具有不同的发展要求，这种发展要求是通过三者间的良性互动来实现的。互动的过程是三方在平等原则基础上进行的交互作用，并达到共赢的过程。

学校作为一个学习型组织，承担着传授知识、培养人才和生产新知识的责任，是以追求教师和学校共同进步和共同发展为宗旨的教育组织。它通过各种规章制度对教学过程进行管理，对教学环境进行塑造，以保证教学秩序的正常进行，进而在教师和学生的成长过程中起到积极的推动作用，最终实现自身的发展。马克思说：“关于环境和教育起变化作用的唯物主义学说忘记了，环境正是由人来改变的，而教育者本人一定是受教育的。”马克思在肯定客观环境作用的同时，亦肯定了人对环境可以改造的一面。既然人的性格是由环境造成的，那就必须使环境成为合乎人性的环境。大学生思想政治教育的环境感染着学校、教师和学生，影响着学校、教师和学生的发展，学校、教师和学生也在互动中塑造着环境。从学校的角度来看，只有做到以人为本，从教师的成长，从学生思想政治素养形成的角度出发，变重权力、重机构的管理理念为服务理念，才能发展成为一个充满活力的生命体。因此，学校不仅应该为教师和学生提供表达意见的平台，让其参与到学校的管理过程中，更应该自觉地接受教师和学生提出的合理建议，积极主动地营造有本校特色的文化氛围，在同教师和学生的互动中逐渐发展壮大。

教师是学校的主要力量，教师的全面发展是学校发展的基础和保障。教师的专业水平和人格魅力在学生思想政治素养形成过程中起着关键作用。而学校和教师之间的关系直接影响着教师的专业发展和从教时的心理状态，这种影响又以积极和消极两种方式反作用到

学校和学生的身上，形成一种循环。尤其是在多元文化的背景下，大学生仍处在世界观、人生观和价值观形成的过程中，教师自身的经验、认知能力和思维方式在教育活动中发挥着主导作用。这使得教师既要主动参与到学校的建设中，承担起完善学校建设的责任，又要加强同学生的沟通和交流，依据学生的需要和特点，丰富和发展教育内容，创新和改进教学方法等，在从教活动中发展自己的专业，实现自身的成长。

学生以受教育者的身份处在思想政治教育活动中：一方面，学生是具有独立性、自主性、能动性和创造性的个体；另一方面，学生的知、情、意、行等方面同社会发展和个人发展要求存在着差距。在思想政治教育过程中，学校、教师和学生之间是相互影响的，不仅教育者对受教育者具有影响，受教育者也影响着教育者。通过交往互动，学校的规章、制度及文化，教师的思想道德政治素养被传递到了学生一方，通过判断、吸收、拒绝或反抗，又反馈到教育者一方，影响教学秩序、校园文化、学习氛围和教师的情绪等各个方面。在思想政治教育活动中，学校、教师和学生的主体性都应该进一步地发展和提升。交往互动模式要求教育者反思自己的行为，并适时做出调整，遵循受教育者身心发展的规律和特点因材施教，既满足受教育者的需要，亦是其自身发展的必然要求。

三、“学校—教师—学生”间良性互动的实现途径

主体性思想政治教育强调教学在道德教育中的重要性，结果是过分注重教师的主体地位和单方面的主体性，忽视学生在自身品德发展中的主体性。教师的支配力和权威性被过分地强调，由此形成的普遍的教学模式是填鸭式灌输与被动式接受。与传统思想政治教育相比，主体间性思想政治教育主张让受教育者在人与人的交往中，在现实的社会关系中，在教学、工作、研究等活动中，自主接受教育者传递的思想道德，并通过自身思想矛盾运动而形成正确的思想观念和道德意识。受教育者的思想品德是在交往活动中形成的，又在交往活动中表现出来并受到检验。大学生思想政治教育主体间的有效交往活动是通过“学校—教师—学生”的良性互动实现的。

在大学生思想政治教育中，良性互动反应的是教育者和受教育者之间的独立性和平等性。在此基础上，教育者和受教育者的平等对话成为主体间良性互动的前提。这种平等的对话以主体间的相互理解和自我反思为条件，通过思想的碰撞和真心的交流、相互激励和促进，求得共同发展。学校、教师和学生作为大学生思想政治教育互动的主体是缺一不可的，他们之间是平等、共生的关系，无论哪一方都不存在霸权、支配和中心的地位，彼此间是民主、平等的主体间性关系。学校制度的出台不是为了追求各种排名和决策者的成绩，不是对教师和学生的管制，而是真正地以教师的发展需要为目标，以学生的思想和知识的进步为目标，变行政权力决策为广泛征求教师和学生意愿的民主决策。教师不会抱怨学校的独断专行，亦因此反思自身的不足，将民主和平等的理念拓展到教学活动中，充分尊重学生的兴趣和见解。学生也不会抱怨学校缺少学习氛围和大学精神，抱怨与教师之间有不

可逾越的代沟。学校、教师和学生重新建构思想和精神方面并达成相互间的积极影响和共同发展。

大学生思想政治教育活动是培养社会历史发展的主体的活动，具有满足个人和社会发展需要的功能。教育者和受教育者的互动过程既是自我发展的过程，又是作为社会发展过程的一部分而存在的。随着时代发展和人的发展出现了新情况、新问题和新的要求，教育者适时提炼出反映时代和人的发展要求的教育内容，创新教育方法成为主体间良性互动的关键。社会主义市场经济、信息网络化时代、知识经济时代、全球化的需要对个人的发展提出了多种多样的要求，教育者要根据人的思想和精神生活全面发展的要求，对教育内容进行审视、反思和理性修正，灵活多样地选用教育方法，以适应受教育者的主体性和自我发展的意识。在现代社会中，学生的各个方面已经发生了深刻的变化，他们接触媒体频繁，接受各种信息快速，思想超前，常常以一种独立、批判的眼光审视时代和社会的变化，对教育内容和教学方法都有了新的要求。在这种状况下，传统、说教式地将书本知识原封不动地交给学生，不仅实效性差，而且会遭到受教育者的抵触。富有时代性和发展性的教学内容，辅之现代教学手段将更好地满足学生的发展要求，也能满足社会发展的要求。

思想政治教育活动中教育者和受教育者的主体互动是在实践中生成、表现和发展的。大学生思想政治教育活动不仅包括课堂教学活动，课堂的互动只是学生对道德和政治领悟的一个方面，学校的集体生活和各种校内外活动越来越成为培养学生思想道德素养和政治素养的重要方面。学校实践活动和课堂教学活动的有机结合是实现教育者和受教育者之间良性互动的有效手段。学校开展的围绕思想道德和政治展开的演讲、竞赛和辩论等校园文化活动，组织参观、调查、参与公益事业等社会活动，学生积极主动地参与的学生会和各种学校社团等自主参与决策的活动成为主体间互动的重要方式，是受教育者对教育内容的反馈，也是促进受教育者自我教育的催化剂。学生的学校生活也就是他们的社会生活，在实践活动中使高校的教育环境，特别是文化环境得到优化。哪些活动有利于形成学生的价值观，什么样的环境有利于引导学生的成长和学生主体意识的培养都是在实践活动中创造、检验并最终形成的。学生在参与各种实践活动中自觉思考课堂教学中的内容，从而实现思想政治教育内容的转化。只有通过学生的亲身体验和践行才能形成优秀的思想道德品质，养成良好的行为习惯，进而成为校园文化和大学精神的推动力量。

第三章　高校思想政治理论课教学方法研究

第一节　高校思想政治理论课实践教学模式

实践教学活动是高校思想政治理论课教学的重要组成部分，强化实践教学内容是提高思想政治理论课教学效果的有效手段；目前，高校在开展思想政治理论课实践教学活动中存在着诸多问题，通过深入研究问题产生的原因，并从创建全新的实践教学理念、健全的组织管理机制、完善的经费管理制度等方面，阐述新模式下强化思想政治理论课实践教学的具体方法。

实践教学是高校思想政治理论课教学的一个重要环节，它通过强化学生主体的参与、感悟，将课堂理论教学的内容内化于心，从而实现“知”“行”“信”的统一。根据《中共中央宣传部教育部关于进一步加强和改进高等学校思想政治理论的意见》(教社政〔2005〕5号)对高校思想政治理论课加强和改进工作的部署要求，高校将加强实践教学作为改进高校思想政治理论课的主要方式方法，探索和创新思想政治理论课实践教学体系，是当前高校提高思想政治理论课教学质量的重要任务，同时也是广大思想政治理论课教师必须深入研究的重要课题。

一、高校开展思想政治理论课实践教学的重要意义

(一)实践教学为培养大学生自我教育能力提供了平台和载体

苏联教育学家苏霍姆林斯基曾这样讲道:“只有能提高学生自我教育能力的教育才是真正的教育。”思想政治教育其实就是外因通过内因起作用的过程，也是思想政治理论课教师在实践教学的过程中，让学生通过自身的教育能力，不断地激发他们自主的思想矛盾斗争，从而引导学生从现实自我转化为积极的理想自我，最终让学生通过所学到的思想政治理论课知识，树立正确的人生价值体系。人的社会化过程是终身的，学生终究会离开校园和教师，只有具备自我教育能力，才能更快地融入社会。教育的终极目标就是不教育。只有当学生具备了自我教育的能力，才会形成可持续发展的潜力，才有可能在参加工作以后，不断提高和完善自身素质，最终使学生达到与社会需要相适应的较高层次。因此，思想政治理论课的各项实践教学活动，为学生自我教育能力的培养提供了最好的平台和载体。

（二）实践教学有利于大学生更好地将理论与实际相结合

实践教学活动是高校思想政治理论课教学的重要组成部分。大学生在参与实践教学的活动中逐渐学会运用理论联系实际的方式来解决问题，在整个实践教学过程中学生形成了正确的“三观”，即世界观、人生观、价值观。著名教育家陶行知先生曾说过：“没有生活做中心的教育是死教育，没有生活做中心的学校是死学校，没有生活做中心的书本是死书本。”高校思想政治理论课要富有鲜活的时代感和现实感，实现理论与实际相结合，就必须借助实践教学，让学生在实践活动中接触客观实际，认识客观实际，感受客观实际，逐渐地学生就会对思想政治理论有更深刻的理解，最后自然接受思想政治理论内容。

（三）实践教学有利于加深大学生对社会和国情的了解

实践教学活动是理论内化并形成信念过程的重要环节，学生自觉地理解、认同和接受科学理论，有时需要通过实践教学来实现。高校通过开展实践教学活动，让大学生可以走出校园去工厂、农村等地亲身感受和体验，学生既可以充分了解社会主义现代化建设所带来的巨大成就，同时又能看到由于多种因素所造成的经济发展不均衡，特别是部分农村的贫穷落后状况。引导学生学习工人、农民勤劳和纯朴的优秀品质，从而真正地了解国情和社会，增强大学生的社会责任感。同时针对现实社会的实际情况，指导学生运用马克思主义的基本理论进行正确的分析，使他们能够了解社会所存在问题的本质原因，从而进一步加深其对社会的了解和认识。这就可以使大学生在刚步入社会时，就能够运用思想政治理论课所学到的理论正确地分析和对待社会中存在的问题，而不至于出现盲从或措手不及的现象，从而增强大学生适应社会的能力，进而使其能够较好地适应社会。

二、当前思想政治理论课实践教学中存在的问题

（一）思想认识不到位

一是教师认识不到位。部分高校思想政治理论课教师对实践教学的认识存在误区和偏差。认为思想政治理论课实践教学无非是带学生去历史博物馆、纪念馆，或乡镇企业走走看看，抱着出去玩玩、放松的心态，此教学方式最终造成了学生思想的放纵，既不能有效地达到思想政治理论课的教学目的和教学要求，也不能起到提高大学生思想政治理论课素质的应有作用。二是学生认识不到位。有些学生认为开展思想政治理论课实践教学没有什么实际意义，只是学校的一种应景行为，也有一些学生认为在专业课实践教学方面多下功夫才会更有收获。因此，思想政治理论课教师在开展实践教学活动时，一时很难改变这些大学生的消极认识，遇到了他们被动应付的状况，得不到他们的有力配合，最终难以达到思想政治理论课实践教学的预期目的。

（二）组织管理方式不够科学

目前高校思想政治理论课实践教学普遍存在组织管理不畅、人员不够、专项经费不足

等问题。这使得大部分高校思想政治理论课实践教学多以任课教师为主体，一个学期开展一两次实践教学活动已属不易，很多时候高校实践教学是教师作为一项任务交给学生自己去完成，或是给学生布置一些选题，让学生去写一篇调研报告，至于学生怎么去、去哪里，一般都由学生自己来安排。有些学生通过去图书馆查找相关材料，甚至从网上直接下载大量调研内容去完成任务，拼凑成一篇调查报告。所以这样一来使得社会实践活动更像是在做表面性的工作，难以达到预期所期待的效果。

（三）经费投入不充足

开展实践教学活动需要组织学生外出进行考察、做社会调查等相关工作，所以足够的经费投入是进行实践教学活动的保障。一些高校目前还没有设立思想政治理论课实践教学专项经费，更没有建立此项经费管理使用制度，这些因素直接影响了思想政治理论课实践教学的顺利开展。因此，经费问题目前已经成为高校教师推进思想政治理论课实践教学的一大瓶颈。例如，湖北省“高校思想政治理论课实践教学资源整合与利用研究”课题组对该省 12 所高校教师进行了调查，其中有 40.4% 的教师认为经费不足是“当前开展思想政治理论课实践教学的障碍”。因此，高校应继续加大对思想政治理论课实践教学活动经费的投入力度，进而保障实践教学活动顺利开展。

（四）实践教学基地建设补助

思想政治理论课实践教学必须面向社会，这是高校思想政治理论课教学目的和教学要求的内在规定。高校需要充分整合各种思想政治教育资源并广泛开辟实践教学基地，使思想政治理论课实践教学活动更具有实效性和可操作性。目前有些高校对思想政治理论课实践教学基地建设不够重视，并没有很好地结合学生状况、学科特点、专业特色和育人目标，本着合作共建、双方受益的原则，建设一批相当稳定的思想政治理论课实践教学基地，由此在一定程度上限制了思想政治理论课实践教学开展的一贯性和持续性。为此，高校应根据自身特点，有目的、有计划、有步骤地建立起一批思想政治理论课实践教学基地，从而为思想政治理论课实践教学的开展和推进提供基地保障。

（五）考核评价体系不完善

在开展思想政治理论课实践活动中，有些高校没有建立起完善的考评体系，“三缺乏”的现象比较突出。一是缺乏学生对教师的评价机制。目前，思想政治理论课实践教学考核方式主要是教师评价学生，往往缺乏学生对教师的评价和监督制约机制，这样既不利于增强思想政治理论课教师实施实践教学的责任心，也不利于调动思想政治理论课教师开展实践教学的积极性。二是缺乏结果评价与过程评价相结合。有的高校只注重结果评价，即评定学生提交的实践调查报告，而忽视了学生在参与实践教学过程中思想进步、能力增强、素质提高和社会贡献等现实表现，使思想政治理论课实践教学的效果评价不够客观、不够全面、不尽合理。三是缺乏定量评价与定性评价相结合。大学生世界观、人生观和价值观的确立以及思想政治素质的提升，应该是长时间的综合观察和全面考核然后予以鉴定。

三、创建行之有效的思想政治理论课实践教学新方法

（一）全新的实践教学理念是先导

不可否认，固定的学习场所对每一个求学者都是必要的，但时代在发展，这样传统的“课堂”模式同样也需要做出改变。社会发展变化很快，正是在这一背景之下，大课堂观作为一种全新的教育教学理念被提了出来。上海教科院副院长顾志跃先生曾提出：“传统的课堂教育时空观需要打破……教师可以通过尝试创设在课堂或课堂外的情境与学习任务，让学生积极融入其中，亲历过程，在感知、体验、内化的基础上，学习到相关的情感、态度、价值观与能力。”大课堂观是思想政治理论课实践教学理念，主张将教学从教室内的课堂向校园，或向更为广阔的社会大环境方面拓展，让思想政治理论课教学的课堂延伸到校园和社会，进而从多种角度以不同的方式引导大学生将所学知识转化为服务大众、报效祖国并实现自身价值的现实能力。

（二）健全的组织管理机制是基础

相比于课堂理论教学，实践教学的组织管理更为复杂。实践教学涉及教务处的教学安排、教学院部的人员职责确定、财务部门的经费支出、后勤部门的支持和保障，除此以外还包括联系和确定场地、对学生进行培训和考核等方面。因此，如果仅凭思想政治理论课教学部门单方面的力量，仅仅依靠人员有限的思想政治理论课教师，想要很好地开展实践教学工作是比较困难的。高校思想政治理论课实践教学在建立健全组织管理机制方面，需要整合多种力量并投入实践教学活动之中。高校可以探索建立由学校分管党政领导负责协调，思想政治理论课教学部具体牵头实施，教务处、财务处、学生处、宣传处、团委等部门分工合作、各司其职的思想政治理论课实践教学实施与管理细则，在实践教学活动开展之前，将工作任务下达到学校相关部门并将其作为工作绩效年度考核指标之一，以确保思想政治理论课社会实践教学正常开展。

（三）完善的经费管理制度是根本

有的高校思想政治理论课实践教学由于缺乏专项经费的支持，学生社会实践教学活动逐渐演变为“贵族式”活动。“兵马未动，粮草先行。”只有优先确保经费，各项实践教学活动才能有效开展。各高校可以按照教育部相关文件精神，设立实践教学专项资金，确保实践教学活动可以长期和有效地开展。与此同时，在经费管理使用制度方面也应该严格按照审批程序操作，通过对实践教学项目进行的内容和形式论证，挑选出教育意义大、可行性强、社会价值高、实效性明显的实践教学项目予以立项，最终通过运用有限的实践经费使教育效果达到最优化。

（四）稳固的实践教学基地是条件

目前，高校思想政治理论课实践教学基地数量较少，功能定位不够准确，实践教学基

地没有真正地置于教学之中发挥其应有的作用，高校在加强基地建设的基础上要重新认识和界定其自身功能。充分发挥实践教学基地在整个实践教学活动中的基础性地位，把基地作为平台，建立一批相对固定的实践教学基地，并以此来带动整个思想政治理论课实践教学环节。实践教学基地应作为重要依托，与高校长期保持紧密的合作，从而使双方关系更具有可持续性。高校可以充分发掘和利用本校及学校所在地的思想政治教育资源优势，建立长期稳定的校内外实践教学基地，使学生积极融入社会实践活动中，进一步增强对思想政治理论课学习的热情，为实施可持续性的实践教学提供基地保障。

（五）可行的考核评价体系是保障

实践教学的考核是否体现规范性、民主性、公平性、责任性，不仅关系着实践教学开展的实际效果，而且影响着学生对实践教学的认可程度。因此，高校思想政治理论课实践教学必须创建一套客观、合理、积极、系统的考核体系，才能有效保证其健康持续地开展下去。实践教学考核评价体系同时包含对学生的考核办法及对教师的考核办法。高校需要制定出学生评价教师与教师评价学生相结合、结果评价与过程评价相结合、定量评价与定性评价相结合的“三个结合”考评体系。同时，实践教学考核制度的过程监控需要多方参与，即包括同行、学生、第三方机构和用人单位在内的多种考核评价方式，实现个体考评与团体考评相结合、处罚性考评与奖励性考评相结合、校外考评与校内考评相结合，尤其是通过各方渠道获得的社会对学生的评价情况要在实践教学成绩考评中予以体现。

第二节　高校思想政治理论课教学中的人文情怀

做好高校思想政治工作要因事而化、因时而进、因势而新。新时代，推动高校思想政治工作、上好思想政治理论课，需改革创新，借助新手段、探索新模式、解决新问题，更需“政治要强、情怀要深、思维要新、视野要广、自律要严、人格要正”的思想政治理论课教师。王国维先生的“三境界说”对高校思想政治理论课教师具有一定的启发意义。笔者结合自己的从教经历，提出高校思想政治理论课教师应具有三种人文情怀境界。

高校思想政治理论课是宣传马克思主义基本原理、中国特色社会主义理论及党的各项方针政策的主渠道，承担着对大学生进行社会主义核心价值观教育、为党和国家培养合格建设者和接班人的重要任务。但是，随着信息时代的到来和经济、社会的转型，“思想政治理论课不好教”越来越成为思想政治理论课教师发自内心的一种感叹。如何上好思想政治理论课，需要思想政治理论课教师认真思考与研究。习近平总书记于 2019 年 3 月 18 日主持召开学校思想政治理论课教师座谈会并发表重要讲话时提道：“办好思想政治理论课关键在教师，关键在发挥教师的积极性、主动性、创造性。思想政治理论课教师要给学生心灵埋下真善美的种子，引导学生扣好人生第一粒扣子。”同时指出，思想政治理论课教师要具备六种素质，“政治要强、情怀要深、思维要新、视野要广、自律要严、人格要正”。“情怀要深，就是要保持家国情怀，心里装着国家和民族，在党和人民的伟大实践中关注时代、关注社会，汲取养分、丰富思想。”王国维先生曾说：“古今之成大事业、大学问者，必经过三种之境界”——“独上高楼，望尽天涯路”“衣带渐宽终不悔，为伊消得人憔悴”“蓦然回首，那人却在灯火阑珊处”。笔者想，王国维先生的“三境界说”对高校思想政治理论课教师是很有启发意义的，要上好思政课，思政课教师必须具有三种人文情怀境界。

一、第一种境界：用心投入是思想政治理论课教师做好教学工作的基本要求

大千世界，从古至今，任何人、任何行业，若没有用心投入的精神，是很难把工作做好的。北京师范大学吴玉军教授认为，目前有很多人因工作、生活、前程表现出一种焦虑、浮躁、紧张的情绪，表现出消极行为，引发社会情绪波动，他倡导公民要理性平和、积极向上、自尊自信、用心地对待工作，做一行爱一行。

2019 年中国女排第五次赢得世界杯冠军，第十次登上世界之巅，为祖国和人民赢得了荣誉。中国女排取得的辉煌是“团结一心、艰苦奋斗干出来的”，她们不畏强手、敢打敢拼，打出了风格、赛出了水平，以优异的成绩再一次以“团结协作、顽强拼搏”为核心的女排精神做出了完美诠释。早在 2016 年的里约奥运会上中国游泳女将傅园慧在赛后接受记者采访时说：“我已把洪荒之力用完了，没有力气了。”表面上她是在和记者逗趣，其实是她对这份工作的坚韧、拼搏和用心投入的真情流露。

对一份工作的用心，就要舍得投入时间、投入精力。思想政治理论课教学是大班教学，经常是一百三四十人的大课，且不同专业混合编班，在这种情况下维持课堂纪律、确保授课效果，难度可想而知，怎么办？这是摆在思想政治理论课教师面前的一大问题。要想很好地解决这个问题，思想政治理论课教师就需要投入大量时间和精力研究，找原因，寻对策。

这学期笔者带的一个大班 135 人由社会体育和广告学专业的三个班组成。这个班的课堂气氛太“活跃”，但又一问三不知，课堂纪律差。笔者决定采取非常策略：先找各班班干谈话，了解各班具体情况；再找特定学生聊天，查找原因。

一番“折腾”过后，笔者发现“活跃”的原因是他们觉得这门课（马克思主义基本原理概论）哲理性太强，听不懂……针对这些原因，笔者在备课上花了很多时间和精力找资料、找视频、找案例、找往年考研真题等。在教学内容上，笔者力争做到深入浅出；在教学方式上，根据教学内容灵活运用案例教学法、情境教学法、视频教学法、实践教学法等；同时充分利用 QQ、微信、博客、论坛、短信和电子邮件等形式，与学生进行教学互动、疑难解答和思想交流；利用课间、课后时间对个别学生进行面对面地直接辅导。经过双方不懈的努力，在轻松、活泼的课堂气氛中获得了良好的教学效果。

二、第二种境界：真诚沟通是思想政治理论课教师做好教学工作的有效途径

这里的“真”既指“真实”的表达，又有“真情”表白的意思。思想政治理论课教师要能够掌握学生情感形成的规律，以“真情”的教育方式逐步把处于自我中心的情感内容，提升到以社会和生活为中心的理性情感层次，且能够重视学生的情感过程体验和感悟，促进他们健康快乐地成长。

记得华中科技大学校长李培根院士在本科生毕业典礼上做了题为“记忆”的演讲，时间16分钟，却被掌声打断了30多次，被学生亲切地称呼为“根叔”。笔者在想，“根叔”的演讲为何能受到莘莘学子如此热烈的追捧？为何能在极短的时间内走红网络？原因就是他的“真”。你会发现，在2000余字的演讲稿中，“俯卧撑”“躲猫猫”“打酱油”“妈妈喊你回家吃饭”“被就业”“被坚强”……这些词语俯拾皆是。“根叔”没有端起院士、校长的架子，而是把学士当作唠嗑、谈心的平等对象，这就是“根叔”的真情流露。一如他的这句演讲：“亲爱的同学们，也许你们难以有那么多的记忆。如果问你们关于一个字的记忆，那一定是‘被’。我知道，你们不喜欢‘被就业’‘被坚强’，那就挺直你们的脊梁，挺起你们的胸膛，自己去就业，坚强而勇敢地到社会中去闯荡。”他没有说官话、打官腔，正是他的真情拉近了与同学们之间的距离；正因为他的真情，让人感到亲切。

“诚”即“诚信”，达到“彼此信任”。思想政治理论课教师不仅要做到“真”，还要做到“信”。只有取信于学生，才能收到教育效果的最大化，这就要求思想政治理论课教师授课话语不能高高在上，遇到问题时不能对学生简单地加以训斥。正所谓“一言可兴邦，一言可误国”“一人之辩重于九鼎之宝，三寸之舌强于百万之师”，温暖的话语可以做到“药到病除，言至心开”。思想政治理论课教师要以真诚开放的态度对待学生，无论在课上还是课下都不回避矛盾，不回避敏感尖锐的问题，学生看到老师是这样真诚的、实事求是的，是摆事实讲道理的，也会真诚开放地与老师进行沟通交流。

要做到真诚沟通，关键是要换位思考。有的学生上课迟到、早退，上课看手机、听音乐、交头接耳、窃窃私语，解决这些问题，千万不能居高临下地粗暴训斥，而应该设身处地、以移情的心理机制换位思考。比如说，自己在学生时代会不会出现类似的问题，他们出现这些问题的原因又是什么，等等。有时稍做换位思考，问题就能想通，解决起来就有方法。

要做到真诚沟通，本质是要“人情化”。教育不能强迫、逼迫，要遵循学生身心发展规律，满足需求，引发成长的内在动机。用训导说教的方式和用温暖之手、动人之舌的方式，对学生的教育效果往往是不同的。比如，一节课结束时问问学生，这节课中老师的哪句话让你印象深刻，或者，你从这节课当中学到了什么，而不是一味地灌输和说教。

要做到真诚沟通，根本方法是“差异化”。学生上课出现问题，原因有很多。有的是自觉性差，有的是悟性不高，有的是老师监管不到位。解决起来，不能“一刀切”“模式化”，而应该有针对性地采用解决特殊问题的特殊方法。

三、第三种境界：亲情感化是思想政治理论课教师做好教学工作的崇高境界

爱是亲情感化的核心。有人说，世上有很多东西，给予他人时是越分越少，有一样东西却是越分越多，这种东西就是“爱”。爱，它不是索取，不是等价交换，而是付出与给予，是自我牺牲。作为一名教师，尤其是一名思想政治理论课教师，首先要有一颗爱心，因为教育本身意味着一棵树摇动另一棵树，一朵云推动另一朵云，一个灵魂唤醒另一个灵魂，是以德育德、以行导行、以智启智、以性养性、以情动情的过程。多数大学生离开父母，远离家乡，开始独立生活，面对新环境、新生活很可能会出现短暂的不适应。作为教师的我们，不能用说教的口吻、居高临下的姿态或有丁点厌烦的情绪，面对那一张张茫然不知所措的面孔。笔者总是这样告诫自己，要像对待家人朋友一样对待他们，要像处理自己的事情一样为他们排忧解难，在语言上做到质朴柔和，在态度上做到真诚恳切，在心情上做到放松缓和、以情感化。

思想政治理论课的特点是传播国家意识形态，引导青年树立科学的世界观、人生观、价值观，而我们的教学对象、所处的国际国内环境、政治社会生态已发生巨大变化。“以学生为本，亲情感化”是教师的教学理念，学生成为课程的主人，成为教师的朋友，他们对人生、对国家、对世界的认识和困惑，与教师共同探讨，在追求真理中启迪思想、陶冶，获得思想的升华。坚守“以学生为本”的理念，以亲情感化为出发点，突出现实导向，不断创新多种教学方式，才可能逐步达到思想政治教育“内化于心、外化于行”的效果。

去年秋季，笔者带了市场营销专业三个班的思想道德修养与法律基础课程，有一位学生笔者至今印象深刻。上完他们班的第一次课，笔者接到了他寻求帮助的电话，电话里听完他断断续续的叙述，笔者大概知道了他的诉求——与室友关系处不好，想出去租房独居。因在电话里说不清楚，笔者让他到值班室面谈。交谈中笔者了解到了整个事情的来龙去脉和前因后果，笔者觉得有必要让他懂得大学校园人际关系的特点，同时对他提出了三点建议：一要调整心态，换位思考，从自身找原因，宽容豁达；二要努力塑造良好的个人形象，改善性格上的不足之处，注重自身能力的培养；三要掌握人际关系沟通技巧。在谈心过程中笔者不时引用一些名人名言，或以过来人的身份传授经验。聊到最后笔者不由地感叹道，大学时光是美好的，四年时间转瞬即逝，要珍惜大学同窗情谊，享受大学快乐时光。看到他原本愁云密布的脸慢慢变得阳光起来，笔者感到很欣慰。

上述三种境界是笔者在多年从教过程中逐步得出的一些感悟，无论是用心投入，还是真诚沟通、亲情感化，过程都是非常艰辛、漫长的，一如王国维先生概括的治学三境界。无论如何，作为人类灵魂工程师的教师，我们要时刻记住，在我们的举手投足间，有一双双眼睛在默默地注视，有一颗心灵在静静地倾听。所以，我们要更加谨言慎行。也许一句话语的不周，可能就伤害了某个脆弱的心灵；也许一次工作的懈怠，可能就打击了某个向善的品行。相反，一次真诚的鼓励，或许就能让曾经迷失的学生不再迷茫；一份温暖的真

情，或许就能让濒临崩溃的心灵重新燃起生命的希望。

回顾历史（总结教学经历），是为了未来的路走得更好。作为一名人民教师，一名思想政治理论课教师，对此深受鼓舞和激励，永远不会忘记自己身上肩负的责任，在播撒知识的同时，也把美好的情感、精神种在学生的心田。

第三节 高校思想政治理论课的教学价值和意义

教学观的变革根植于思维方式的变迁。随着哲学对人的认识由“预成论”转向“生成论”思维方式的转变，教学观相应也经历了从教学的“预成论”到教学的“生成论”的变革。教学“预成论”过于强调教学过程的秩序、规范与控制以及教学对象对知识的接受、掌握与认同，忽视教学对象所具有的能动性和个性特征，从而丧失了教学对象在教学活动中的主体价值。教学“生成论”注重教学过程的转化和动态“生成”，认为教学是学生主动参与和自主建构的过程，教学系统诸因素的相互渗透与制约，决定了教学效果与“预设”的教学目标呈现出复杂的非线性特征，蕴含着教学“生成”与创造的潜力。教学观的变革对我国高校思想政治理论课教学改革提供了方法论指导。

一门学科的价值定位及其发展，从哲学意义上而言，必然是一定思维方式的反映，而教学理念、教学策略的选择直接受制或依赖于思维方式。纵观人类思维发展的历史，先后经历了古代本体论、近代科学世界观、现代生成论三种思维方式的嬗变，学术界也将它们归结为“预成论”与“生成论”，它们都是相应时代精神的精华。在现代哲学、建构主义等理论影响下，教学观相应地也经历了从传统教学“预成论”逐步走向“生成论”的变革，对当代思想政治教育产生了深远影响。高校思想政治理论课（以下简称“思政课”）作为塑造大学生精神品质的一门学科，只有在反映时代精神的哲学理论指导下构建，教学过程遵循人的成长与发展规律，即人之生成规律，将社会生活、时代变迁与人文精神融入高校思政课教学，才能获得强大的生命力，实现其育人的价值功能。

一、教学“预成论”的认识论基础与主要特征

哲学上对“人”的认知经历了从“预成论”向“生成论”思维方式的转变。“预成论”思维可以追溯到柏拉图的本质论，也称为本质主义思维。它认为事物“是一种先在设定对象的本质，然后用此种本质来解释对象的存在和发展的思维模式”。在认识上，它将事物分为表面现象与内在本质，现象是本质的外在表现，具有易变性、不确定性；本质是事物的内在规定性，具有客观性、普遍性、恒定性等特征。它认为事物的产生、发展是有规律可循的，事物的发展过程实际上就是其规律的演绎，规律的客观性为事物的发展预设了确定的路径与结果。在实践上，它表现为运用已经形成的对事物本质和规律的认识，控制或

干预事物朝着预设发展轨道实现预期目标。这种思维方法反映在教学领域，形成了“预成”教学观或教学“预成论”。教学“预成论”以对事物发展的规律性认识为基础，认为教学理论研究的主要任务在于探究教学活动的本质，并根据恒定不变的教学本质去寻求普遍适用的教学规律和原则，以此指导教学实践遵循客观规律和预先设计的程序和步骤，最终实现预成的教学结果。教学活动成功与否关键在于对规律的把握和遵循程度。这种过于追求和重视教学规律性的做法，虽然也使学生掌握了一定的知识，却阻碍了他们对信息的辨别、筛选和创造能力的生成。这一教学观在我国教育中长期占据着主导地位。其主要特点可归纳为以下几种：

（一）强调教学过程的确定性、规律性、可控性

教学“预成论”以对物的思维方式来理解和把握人，将教学对象作为被动的客体，认为教育活动既然是一种有目的、有意识的实践活动，那就是有规律的、可控的。教师的主观能动性表现为严格地遵照规律进行教学，重视对教学活动的周密安排和刚性设计，使复杂的教学过程成为一种强制的、程式化的线性序列，似乎学生的发展路径和变化状态是一目了然的，可以按照教育者的意志进行培养和塑造，忽视学生的主体地位、能动性和个性发展需要，导致教学形式的刻板和学生思维的僵化，使教学对象在教学活动中失去人的主体价值。

（二）教学价值定位为“知识灌输”，缺乏人格和个性的养成

教师作为知识的拥有者，是教学过程的组织者、支配者，为了把自己所掌握的知识全部传授给学生，教师借助主导地位的权威和已有的教学经验，制定出一套驾驭教学的规则，单方面控制着整个教学过程。教学不是为了培养学生对自己生活的意义反思和价值追求，而是为了接受既有的科学知识，“学习的目的就是接受”，教师寻求最优化教学方法必须能“充分提高知识、技能掌握的效率”“最经济有效地面向全体学生传授系统的知识，这是教学最具有决定意义的东西”。教师关注的是目标与结果、认同与掌握、效率与控制的可预测性与精确性，忽视了学生的主体地位，学生的学习过程就是将预定内容被动转化为知识的线性累积，认为学生只要掌握了预设的教学内容，便达到了预定的教学目标，排除了预设之外的、反映学生个性与创造性的生成性目标。评判教学效果以单位时间内教师传输和学生接受的知识量为标准，并以分数高低来衡量学生获得知识量的多少，因而教学就成为一种行为控制和等级划分，这与教育所追求的个性自由和民主精神背道而驰。诚然，知识的学习与传授是教学的主要任务，但并非其全部功能。教学的意义在于使学生获得学习的能力，增强其不断学习的愿望和主动探究、创造新知识的动力；教学的终极追求在于培养学生健全的人格和良好的个性品质，实现学生和教师对幸福生活的感受力和创造幸福生活的能力，而不仅仅是占有知识。

（三）教学目标与学生发展之间呈现因果线性关系

在教学“预成论”视域下，知识、能力的简单累积与学生的整体发展之间具有正比的

函数关系，教学目标和结果在教学活动实施之前可以理性设定，教学过程不过是预设的程序和步骤的再现，因而丰富的教学情境被简化为可以人为控制和精确推导的线性连接，试图用简单的线性思维来指导复杂的教学实践，使多维度、多层次、动态发展和开放的复杂教学系统，简化为封闭、机械的教学流程，丧失了教学过程的意义拓展和价值衍生。

二、教学“生成论”对教学“预成论”的扬弃与超越

生成教学观的提出主要基于现代教学的局限与困境。随着现代社会对人性的张扬，现代教学因其现实功利性而陷入现实与理想、实践与理论等诸多矛盾之中。这一点在我国的教学实践中表现得尤为明显，课程教学忽视教学对象作为人的主体性，教学内容远离教学对象的现实生活，教学活动在预定的、同一的认知主义轨道上循环重复，日益呈现出抑制智慧、束缚个性等弊端，阻碍人性张扬与自由成长。正是这一时弊催生了生成教学理论与实践。生成教学观从建构主义、经验主义以及怀特海的过程哲学等观点出发，吸收自然科学中不确定性、非线性原理，尊重教师与学生，尤其是学生的主体性与创造性，关怀人的现实生活的诉求，重视教学活动的过程、关系、创造、个性、非理性等特点，强调学习的自主建构和教学的动态生成，实现了对教学“预成论”的被动接受、静态预设的扬弃与超越，为教学从传授知识的“工具价值”转向关注学生全面发展的“人文价值”提供了理论支撑与保障。

（一）人的生成性为教学“生成论”提供了内在动力和现实依据

思维方式变迁的内在根据是基于人的生活世界改变及对“人”的理解。人的进化是一个漫长的生成过程，每个人在生命的起点预先获得了成为人的遗传基因，即人的生物学本质，这是个体生成和发展的前提。马克思主义人学理论认为，人的生命是一个生生不息、不断生成的过程，处于现实社会生活中的个人“不是处在某种虚幻的离群索居和固定不变状态中的人，而是处在现实的、可以通过经验观察到的，在一定条件下进行活动的发展过程中的人”。“在社会主义的人看来，整个所谓的世界历史不外是人通过人的劳动而诞生的过程，是自然界对人来说的生成过程。”人的生成性为人的创造性和自由发展提供了多种可能性，只有从动态、生成的角度解读人，才能理解和把握人的差异性和丰富性。马克思主义关于“现实的人”“人的本质”“人的自由全面发展”理论，揭示了人的生命是一个生成和发展的过程，对人的认识实现了从“预成论”转向“生成论”思维方式的变革，使“生成论”成为现代哲学的主导思维方式。作为思维方式的“生成论”，反映的是事物及其本质是在发展过程中生成的，“在生成论的视野中，一切都是生成的，都处于永恒的变化过程之中，不再存在一个预定的本质”。“生成论”是一种崇尚整合的思维方式，反对用非此即彼或绝对对立的思维来看待和处理各种复杂的关系问题。它并非全盘否定预成论思维，而是意识到它对事物的认识具有局限性和片面性，预成论思维强调事物发展的本质和规律时，忽视事物现象和非本质因素；当它强调人的理性行为时，忽视人的非理性行为。相对

于预成论思维而言，生成论思维更注重事物发展的过程性、差异性、关联性和创造性。实际上，在事物的具体发展过程中，经常会发生超乎预设的结果或状态出现，为事物的多元化发展留下了广阔的空间。

（二）教学“生成论”融入现代哲学和建构主义学习理论

哲学作为时代精神的精华，其思维方式必然体现在其他理论体系中。教学生成论是在对传统的教学预成论不断反思中发展起来的，融入了马克思主义关于“现实的人”“人的本质”“人的自由全面发展”的人学理论以及建构主义学习理论、体验教育等教育思想，把人看作是一个不断生成的存在，是随时代进步和社会变迁而发展的，它不是等待解释的预成性存在，而是通过个体的生命经历、感受和体验而不断生成的存在。20 世纪德国著名哲学家卡尔 · 雅斯贝尔斯提出了“教育即生成”的论断，“教育是人的灵魂的教育，而非理智知识和认识的堆积”。“如果教育只是计划内的事件，看不到人之精神生成之可能，那么教育就将变成训练机器人，而人经过教育也仅仅学会功能性的算计而无法看见超越之境。”教育生成论意味着教育不能改变人生而具有的本质、不能强迫人成为什么样的人，只能根据人的生而固有本性和发展潜力来提升人的精神境界。美国心理学家维特罗克于 20 世纪 70 年代提出了“生成论”学习理论，他在承认教师的指导作用的前提下，从心理学角度阐释了学生在学习过程中的主体地位及其与环境的相互作用；认为学习活动并不是人脑被动接收外界输入的信息，而是学习主体在已有知识经验的基础上，有选择地关注、构建对输入信息的解释，并从中做出推论。这一过程就是学习主体原有的认知结构与从外部环境接受的信息相互作用、主动建构信息意义的生成过程。这一建构主义学习理论，为教学“生成论”提供了直接的心理学依据。

（三）生成性教学强调知识对于人的精神的内在价值

生成性教学以学生发展为本、强调知识对培育人类整体精神和个体精神的内在价值，认为知识的传授与获得的根本价值在于通过知识可以成就人的智慧。承认知识对于教学自身和学生发展的重要性，认为知识是人们认识世界的工具和人类认识世界的经验结晶，否定知识在教学中的价值，就有可能使教学不能“养成人们在心灵层面自我反思的习惯，不能提升精神追求超越的境界，不能发展一种宽广而适切的视野而形成对人类生活的整体认识”。知识的根本作用和终极目的：学生通过学习知识获得可持续发展的能力，从而实现精神的超越与人的全面发展。预成论教学观颠倒了作为认识主体的人和知识的关系，使知识成了教学的目的，而不是人发展的工具和可能途径，结果必将背离知识对于人的精神的内在价值。传播知识虽然是教学必不可少的功能，但不是被动地、消极地复制知识，而是师生在特定教学环境中主动、积极地对知识进行改造与建构。学生的学习活动相对于“简单接受”和“机械记忆”而言，教学“生成论”认为，教师通过单向传递、硬性灌输和学生被动接受、机械记忆，很难获得真正意义上的个体知识，将学习的认知活动视作个体主动参与和自主建构的“生成”过程，更符合学习的本意。个体不仅是知识意义的解释者，也是文化知识的创造者，这是对教学"预成论"知识观的重要补充和修正。

（四）教学目标的价值不在于定位而在于"定向"

在"生成论"教学观视域下，教学在本质上是教师与学生之间互动、合作的信息意义进行建构的过程。相对于预设性目标而言，生成性目标不再是僵化、固定的，而只是提供路标式的方向指引，即明确教学过程中师生行为的性质和方向，具有一定的随机性和灵活性，一定程度上包含了师生共同建构的"不确定性"。教学过程各个环节所建构的意义不是呈线性、序列、累积的特征，而是由教学主体、教学内容、教学方法以及教学环境等诸多因素构成的复杂系统，系统内部各因素彼此协同、相互渗透与融合，决定了教学目标不可能完全符合教学"预成论"所设想的一因一果、非此即彼的认知策略，而是呈现一因多果或多因一果、多因多果等非线性交错"网络"。为此，教学过程除了关注预设性因素以外，更要注重教学情境、内容、策略等诸多因素与环节的生成性。"生成"是人的认知结构的基本功能，"生成论"教学的核心是强调发展和创造。这一过程及其结果，唯有主体的创造性在教学实践中得以充分发挥才能实现，这就意味着教学目标是难以全部预见的，这种不可预见性蕴含着教学"生成"与创造的可能性。只有超越"预成性"教学目标，确立关注人发展的"生成性"教学目标，才能发挥教学的功能与价值，在真正意义上实现人的发展。

三、"生成论"教学观在高校"思政课"教学中的表现形式与实践途径

反思我国高校"思政课"教学存在的难题与困境，根本原因就在于对"人"的理解囿于"预成论"这一传统思维方式。对人的抽象化理解必然导致与人的生活世界隔离，教学内容抽象化、纯理论化、空谈化（超越于现实生活），使传统"预成论"教学与学生个体发展之间存在着内在的冲突与矛盾，既不能解除学生思想上的困惑，也不能解决学生的实际问题，削弱了思想政治教育客观存在的满足个人自身发展需要的功能和价值，因而难以做到"深入人心、触及灵魂、引起共鸣"。为此，必须突破传统"预成论"思维方式的局限，从"生成论"思维角度切入人的生存状态，把对人作为抽象的外在研究对象还源于现实世界具有独特个性和多样性需求的人，实现高校"思政课"教学由单纯强调"理论灌输"的工具价值转向对人文价值的关注。从"人的全面发展"的价值角度来衡量思想政治教育的实效，才能实现思想政治教育的现代转型。

（一）高校"思政课"的价值导向功能，是在"预成"与"生成"的辩证统一中实现的

高校思想政治理论课教学作为一种培养人的活动，与其他学科一样，要求教师在遵循人的认知发展规律，对教学过程进行严密计划、科学预期和符合规范的设计，可以在一定程度上避免教育过程的散漫和随意性，这正是教师主导地位的体现。合理的生成总是在目

标导向之内进行的，如果生成偏离了目标导向，生成性成为一种随意自发的活动，那就无益于学生学科素养的培养，违背了生成的基本特质与精神，失去了生成性的教学价值。同时，作为塑造人的“灵魂”的“思政课”教学，其根本目的和价值使命不仅仅是体现在社会主义意识形态的灌输上，而且体现在对人的主体精神和价值取向的引领上，从这个意义上说，“思政课”的教学过程就是转化和生成的活动过程。转化和生成包括接受、理解、内化、外化等具体活动形式。教师借助现代化教学手段创设特定的教学情境，通过一系列教育方法的实施，不仅培养和提升受教育者的知识水平、思维能力，更要重视对受教育者情感、意志、兴趣、需要、信念等个性素质与价值判断的引导，激发学生的创造潜力，从而达到将社会主义道德规范内化为学生个体的道德信念、外化为学生的品德行为，将教学内容转化为学生的人生智慧、人类文化成果转化为学生文化素质的终极教学目标，使人性更加丰富和完善。正如杜威所言：“教育的过程是一个不断改组、不断改造和不断转化的过程。”这是一个复杂的人格塑造过程，既有教师引导下的转化，也有非指导性的学生自主建构性的生成，是“预设中生成”与“生成中预设”的辩证统一。如果前者还具有一定的预设性和规范性，那么，后者则表现出强烈的自主性和动态的发展性，虽然短期内难见显性成效，却体现了“思政课”教学的真正价值和根本目的。

（二）“生成”结果与“预设”目标之间的非线性关系，体现了“思政课”教学过程的创造性

人们的思想道德不是现在的、固定的、一成不变的和等待解释的“预成性”存在，而是由主体、活动、关系和过程等多种因素构成并处于不断变化的生成性存在，从而决定了思想政治理论课教学是一个多维度、多层次的动态发展和开放的复杂系统，其教学过程是多种因素交互作用的、充满无法预知变数的非线性序列，呈现显著的动态性和发展性，教师有目的、有意识的教学活动只是为学生的身心发展提供预设方向的引导，并非必然使教学结果按预定的轨道实现。“生成”的核心是强调发展和创造，教学过程中的具体事件、教学情境、教学手段与方法、学生的个性化认识和反应等相关联的各个环节，都会直接引发教学结果的变化，只要容许这种变化存在，教育结果与教育计划存在差异或不一致就是必然的、合理的。这是一种潜在的教学创造。为此，教师在教学中除了重视“思政课”教学的预设性目标之外，还要关注其生成性目标。如果没有过程中动态生成的结果和价值，思想政治教育便丧失了创造力，只剩下杂乱无章的知识堆积。教育过程的创造性意味着对预设的规范、目标、流程的超越与拓展，更有利于教学的自然开展和学生良好个性品质及创造性思维能力的发展。教学过程既具有预设的确定性、客观性、普遍性和共同性，也具有不确定性、主观性、特殊性和差异性，这一双重属性决定了真实的教学效果并不一定是预设的教学目标的真实再现，而是师生之间通过信息交流、情感沟通、思想交融“生成”的创造性、发展性结果，充分显示了学生个体在参与教学过程中的主体地位与作用。

（三）将教学内容融入人的生活世界，是实现高校“思政课”价值导向功能的实践途径

对于现代哲学而言，世界不再是与人无关的外在实体，而是对人具有价值和意义的生活世界。杜威的“教育即生活”和陶行知的“生活即教育”，就是试图使教育实践以教育主体为出发点，以现实生活为依托，实现教育向生活世界回归。这与“以人为本”的现代教育理念相契合，从更为深层的意义上去揭示高校思想政治理论课对于个体成长、发展的人文关怀价值和功能，奠定了现代思想政治教育思维方式转换的理论基石，为新时期高校“思政课”的改革和创新、焕发其应有的生命力指明了方向。

高校“思政课”的教学对象是有思想、有情感、有精神需求的“现实的人”。学生的思想政治素质是根植于现实生活的，生活世界是教学的现实基础，其教学内容、原则和教学方式理应是对现实问题的客观反映。在经济全球化和社会转型时期，社会生活和人们的思想观念发生了深刻变革，市场经济的平等、法制、竞争、效率、开放等意识，要求每个人的自由、平等和权利应得到社会尊重，增强了人的自主和独立性；追求利益最大化是市场经济的运行法则和动力，人们的关系主要表现为经济利益关系，经济价值观及功利化倾向广泛而深入地深入社会的各个层面和领域，大学生价值取向不可避免地存在多元化、功利化、矛盾化趋势。为此，高校“思政课”教育内容不能仅局限于理论化、抽象化，应该用发展和变化的眼光把握思想政治教育所承载的社会意识和社会责任，根据社会发展和教育对象的特点把握教育内容的发展性与时代性。一方面，回归于“现实的人”，承认和肯定人的物质追求的合理性。“人们奋斗所争取的一切，都与他们的利益有关”，这一论断精辟地揭示了物质需求是人内在的本质规定，是人生存与发展的基础，满足人的正当需要是不可剥夺的权利。另一方面，关注利益与道德的冲突，将正视人的利益和提升人的境界结合起来，以社会主义核心价值观引领大学生的价值追求和道德精神走向。高校“思政课”教育内容“回归生活世界”，并不意味着简单等同于回归日常生活，满足学生日常生活的需要，使其教育内容“庸俗化”，从而削弱“思政课”在政治方向和人的精神境界方面的导向功能，而是要求必须立足于市场经济的内在要求，正视现实生活中的矛盾和学生最关心的实际问题，将大学生的思想政治教育融入关心、帮助和为学生服务的教学实践中，在遵循学科的目标导向与必要的理论内容前提下，“以大学生全面发展为目标”“坚持以人为本，贴近实际、贴近生活、贴近学生，努力提高思想政治教育的针对性、实效性和吸引力、感染力”。以学生已有的经验和社会生活为基础，把体现中国特色社会主义发展需求的思想观念、道德规范与学生的日常生活紧密联系起来，引导大学生正确处理“利”与“义”、物质追求与精神提升的关系，探寻实现人生价值的正确途径。这是对大学生长远发展的一种终极关怀，也是高校“思政课”教育实效性的最终体现。

第四节 高校思想政治理论课教学与通史意识

高校思想政治理论课教学具有通史意识，可以帮助学生厘清教材内容、深化认识，有助于坚定学生对中国特色社会主义的理想信念，并达到思政课教育的目的，还有益于塑造学生的认知结构和思维方式，培养新时代的高素质人才。在实践教学中，高校思政课教师可以从古今纵向历时性之“通”（历史发展的连续性）和“变”（各历史阶段不同特点），共时空的横向之通，历史的整体性研究入手，以拓展高校思政课教学的深度，提高教学的实效性。高校思想政治理论课教学具有通史意识，尤其要注意在高校思政课教材内容下进行，要从叙事到反思，再到后思，叙事、反思、后思相结合，高校思政课教师还要不断提升理论素养，增加专业知识储备。

高校思想政治理论课的教学目的是“立德树人”，帮助大学生树立正确的世界观、人生观和价值观。教育部 2017 年“高校思政课教学质量年”调研显示，逾 90% 的大学生表示思政课“课有所益”和“学有所得”，这说明高校思政课教学取得了一定成效。近期，“金课”概念的提出要求高校思政课“提升学业挑战度、增加课程难度、拓展课程深度，切实提高课程教学质量”，这就对新时期思政课教师提出了更高的要求。

通史意识是指通古今之变的意识。它要求史家叙史要注重从变化中考察历史发展的进程，要揭示出纵向历史之“通”（历史发展的连续性）和“变”（各历史阶段不同特点）与横向共时空间历史人物活动之间的关系，并用之当下，推及未来。通史意识是中国史学的优良传统，它对于推进“中国近现代史纲要”“毛泽东思想和中国特色社会主义理论体系概论”“马克思主义基本原理概论”等思政课的教学亦具有重要意义。本节试以通史意识对高校思政课教学的影响为中心展开，主要探讨通史意识对高校思政课教学的作用、通史意识在高校思政课教学中的运用，以及在实践教学中需要注意的问题。

一、通史意识对高校思想政治理论课教学的作用

（一）帮助学生厘清教材内容，深化认识

从宏观层面看，思政课涉及的历史内容起于原始社会，终于现在，横向则涉及整个人类世界，思政课教师在教学中具有通史意识，便能够有意识地揭示出纵向历史之“通”（历史发展的连续性）和“变”（各历史阶段不同特点）与横向共时空间历史人物活动之间的关系，并酌古鉴今，用之当下及未来。这不但能够帮助学生厘清教材内容，揭示历史发展的大势和其中的规律性，还能够突破教材内容本身的局限，升华认识。

通史意识必须寓于具有反省可能与必要的、覆盖较长时间的史书中，但通史中“通”之精神却可以应用于思政课个体的教学中。按“通”字，《说文解字》：“达也。”“通”的

反义词是“穷”,《易 · 系词上》“往来不穷谓之通”，因而，“通”指在时间中运行的历史。具体到思政课个体的教学中，任何历史事件和具体思想都有其诞生和发展变化的政治、经济、文化和知识谱系的背景，思政课教师具有“通”之意识，在教学中便会把历史事件和具体思想置于时间和空间的坐标上，纵向历时考察其产生的背景、发展变化的过程，并揭示出与横向共时空间人物活动的关系，进行综合，得出结论。这有助于把教材内容讲清、讲透、讲深。

思政课教学中，宏观层面的通史意识和个体讲授中“通”之精神二者互为补充，相得益彰，这不仅可以帮助学生厘清教材内容、深化认识，还可以推进整体与个体之间的循环解释，丰富学生对思政课教学内容认识的层次。

（二）有助于坚定学生对中国特色社会主义的理想信念，并达到思政课教育的目的

要教育引导学生正确认识世界和中国发展大势，从我们党探索中国特色社会主义历史发展和伟大实践中，认识和把握人类社会发展的历史必然性，认识和把握中国特色社会主义的历史必然性，不断树立为共产主义远大理想和中国特色社会主义共同理想而奋斗的信念和信心。思政课教师具有通史意识，能够帮助学生认识历史、现实以及未来之间的联系，认识到世界和中国每个历史阶段的不同任务和特点，而相互间又是可通的，即古今有变而又相通，历史具有直接性和间接性的统一，因而共产主义远大理想和中国特色社会主义共同理想是可以实现的，从而增强学生的“四个自信”，坚定中国特色社会主义的理想信念。同时，通史意识也会让学生更清楚地认识到，世界和中国每个历史阶段目标的实现，都是横向共时空间人物努力的结果，现阶段青年大学生是社会发展的生力军，代表了社会未来的发展方向。大学生增强了对未来共产主义社会和中国特色社会主义的信心，并树立为之奋斗的信念，便会在实践中不断提升对自身的要求，有助于树立积极的人生观、价值观和世界观，也即达到思想政治教育的目的。

（三）有益于塑造学生的认知结构和思维方式，培养新时代高素质人才

从认知的层次来说，人类的认识始于个体，但要真正认识个体，则必须把个体置于整体之中，人类认识的最终目的，是要建立对整体的认识。从认知的意义上来说，人类对历史的认知乃是出于对现实的需要，既是为了探寻当下自我存在的意义，也是为了从历史进程中寻求经验，用之当代并推及未来。思政课教学具有通史意识，可以把教学中的个体置于整体视野，从而打破课堂对个体的简单堆砌，有助于培养学生对于历史宏观思考和整体把握的能力，进行综合，得出结论，并“承百代之流而会乎当今之变”，即达到用之当代并推及未来的目的。这有益于塑造学生的认知结构和思维方式，从而培养出适应时代发展的高素质人才。

二、通史意识在高校思想政治理论课教学中的运用

思政课教学具有通史意识，要揭示出古今纵向历时性之“通”（历史发展的连续性）和“变”（各历史阶段不同特点），共时空的横向之通，并注重政治、经济、文化、社会等的整体性研究，提高思政课教学的实效性。

（一）古今纵向历时性之“通”（历史发展的连续性）和“变”（各历史阶段不同特点）

人类以当下为基点，把时间分为过去、现在和未来，现在不断流变为过去、将来不断流变为现在，时间的流变是不间断的，但呈现在时间中变易的历史是有间断的，表现为不同性质的历史阶段。思政课教材把历史划分为不同的发展阶段，其中“通”中有“变”，“变”中有“通”，思政课教师要揭示出其中的“通”与“变”以及二者之间的关系。

以“中国近现代史纲要”（以下简称“纲要”）的教学为例，“纲要”教材从政治史角度讲述了1840年以来中国的历史，其中从1840年鸦片战争爆发至1949年中华人民共和国成立，是中国的近代史；1949年中华人民共和国成立至今的历史，是中国的现代史。再具体细分，又可分为晚清时期、北洋军阀统治时期、国民政府统治时期、中华人民共和国时期，因而“纲要”不具备通史体例，却具有通史精神，如教材综述部分，讲述了鸦片战争前的中国与世界，故起点早于1840年鸦片战争的爆发，已超出近现代范围，是通史精神的体现。“纲要”教师可从通史层面来把握和讲述教材内容。

“纲要”主要讲述了中国近现代历史的变迁，因为中国近现代历史本身就是不断变化的。其中最重要的变化有两处：一是近代中国政治制度的变化。由晚清的封建制度，到资产阶级统治制度，再到社会主义制度。二是近代中国各历史阶段社会主要矛盾的变化。由封建社会的地主阶级和农民阶级的矛盾，到帝国主义和中华民族、封建主义和人民大众的矛盾，再到1949年至1956年人民大众同帝国主义、封建主义和国民党残余势力之间的矛盾，1956年三大改造完成后的主要矛盾为国际上中华民族同帝国主义的矛盾、国内工人阶级和资产阶级的矛盾，再到人民日益增长的物质文化需要同落后的社会生产之间的矛盾，最后是现阶段人民日益增长的美好生活需要和不平衡不充分的发展之间的矛盾。

“纲要”教材也讲述了“通”，主要为对自由、富裕、美好生活的向往是中国人民的日常行动目标，是每个历史阶段中国人民一切行为的基础。

“纲要”教材历史之变中的历史之通在于两点：一是中国由封建君主专制制度到社会主义制度的变化，是由人类社会的发展规律所决定的，人类社会由低级到高级的发展，是一个客观必然的历史过程，由此“共产主义崇高理想及其最终实现”这一命题便有了更深刻的内涵。二是近代中国社会的主要矛盾在不断发展变化，其中变中之通各阶段矛盾的解决在于中国共产党的领导，这样可以升华大学生对只有中国共产党才能救中国，只有中国共产党才能发展中国、才能引领中华民族实现伟大复兴等思想的认识。

（二）共时空的横向之通

刘家和曾言："严格的'通史'必须具备一种'把历经古今变化的历史视为同一体不断发展的过程'（或者说把历史视为常与变的统一）的精神。"即通史意识除必须具备古今纵向历时性之"通"与"变"外，还必须具备历史的意识。同一体意识即是共时空的横向之通意识，体现在两个层面：一是把历史视为共时空的一个有机联系的整体的意识；二是把对个体的认识，置于共时空的联系和整体之中，从整体的视角认识个体。

历史人物的活动、联系及变化构成了历史阶段的不同特点，以及下一历史阶段的成因，也决定了历史纵向发展之"通"（历史发展的连续性）与"变"（历史发展的阶段性）。"古今纵向历时性之变，正是这些内外横向共时性之变的结果；而一切时代的横向的共时性的结构，又正是纵向的历时性发展的产物。纵向的历时性的发展与横向的共时性的变化是一而二、二而一的。"古今纵向历时性之"通"与"变"与共时空的横向之通共同构成了历史发展的进程。思政课教师还要揭示出古今纵向历时性之"通"与"变"与共时空的横向之"通"之间的关系，这样不仅可以使学生在纵横之中把握历史进程、升华认识，还可以塑造学生思考问题的方式。

（三）历史的整体性研究

思政课教材主要讲述了 1840 年以来中国的历史和人类历史发展长河中资本主义社会及以后的世界，但具体内容已超出这一范围，可视为中华民族和整个人类世界的文明史。人类文明史包括政治史、经济史、文化史等，它们彼此独立、自成体系，却又有着千丝万缕的联系，它们作为文明史的有机组成部分，共同构成了文明史这一整体。思政课教学中的通史意识，不是仅指思政课教学具有政治通史意识这一个方面，就纵的方面而言，思政课教学应具有政治通史意识、经济通史意识、文化通史意识等；就横的方面而言，则要把政治、经济、文化等作为一个有机整体进行讲述。

比如"纲要"第四章"开天辟地的大事变"的讲述，思政课教师既要从纵的方面，帮学生厘清由北洋军阀政府统治时期以孔学为正统思想的封建主义的旧文化，到 1915 年至 1919 年五四运动前资产阶级民主主义的新文化，再到 1917 年俄国十月革命后马克思主义在中国的传播这一文化演进路径；还要从横的方面，揭示 1917 年俄国十月革命的爆发，给中国送来了马克思主义，马克思主义和中国革命相结合，推动了中国共产党的创建，并由此对中国政治、经济、文化、社会生活等产生至深至远的影响。这样学生对马克思主义是关于无产阶级解放、全人类解放和每个人自由而全面发展的学说，是指引人民创造美好生活的行动指南这一理论便有了更加鲜活的认识。

航海大发现后，人类世界成为一个有着内在联系的有机整体，这个整体不是指特殊政治单位由地理上的联系而形成的整体，而是人类一体，任何事件就其发生的地方、目的和结果而言，都并非孤立的，彼此之间有着千丝万缕的联系，"历史也就越是成为世界历史"。而当今世界"各国相互联系、相互依存，全球命运与共、休戚相关……和平、发展、合作、共赢的时代潮流更加强劲”。我们要“构建以合作共赢为核心的新型国际关系，打造人类命运共同体”。思政课教师在教学中，从整体性视角讲述教材内容，不仅可以帮助学生把教材内容系统化，还可以使思政课教学具有更深刻的现实意义。

三、通史意识运用于高校思想政治理论课教学需注意的问题

（一）通史意识应主要在高校思政课教材内容下进行

就纵的方面而言，中国部分，思政课教材主要讲述了1840年以来的历史；世界部分，思政课教材则主要讲述了资本主义社会和社会主义社会的状况及对未来共产主义社会的展望。虽然具体内容已超出这一范围，中国部分在讲述1840年以来中国的历史前，讲述了鸦片战争前的中国与世界；世界部分，也讲到资本主义社会前，前资本主义社会形态的演进和更替，但这两部分并非思政课教材的主要内容，因而，思政课教学中的通史意识，对于这两部分内容的讲述要适度，应主要把其应用于讲述1840年以来中国的历史和资本主义社会及以后的世界。

就横的方面而言，“马克思主义基本原理”以整个人类世界为中心展开，不待多言；“纲要”则主要讲述1840年以来中国的历史，彼时人类世界已经成为一个有机联系的整体，中国作为世界的一部分，又把中国史放在与外部世界的联系中进行考察之必要，但“纲要”教材主要讲述的还是1840年以来的中国历史，因而，“纲要”教学中的通史意识，主要应用于1840年中国史的讲述。总之，纵、横两个方面，通史意识都应主要在高校思政课教材内容下进行。

（二）从叙事到反思，再到后思，叙事、反思、后思相结合

叙事是指历史学家用讲故事的形式展现过去的技巧。叙事运用于思政课教学，可以增进思政课教学的生动性、活泼性。反思是指历史学家从具体历史事件中归纳出历史经验，以用于未来处理同类事件的见解。后思是对反思的再反思。它是在反思的基础上，以思想为对象，得出规律性的认识。通史意识是为反思再反思，即后思。

高校思政课教学以历史为授课内容，以思想政治教育为目的，若想达到思想政治教育的目的，除了对历史个体的生动讲述、对具体历史事件进行反思外，还需要反思再反思，即后思。通史意识是为后思，后思要在叙事、反思的基础上进行，思政课教师要做到从叙事到反思，再到后思，叙事、反思、后思相结合。这既体现了思政课教学从历史特殊性至历史一般性的认识过程，契合了大学生认识问题的逻辑进路，同时也兼顾了思政课教学的生动性和深刻性。

（三）高校思政课教师要不断提升理论素养，增加专业知识储备

据现存的历史文献记载，中国的通史观念滥觞于周代，通史著作最早可以追溯到《竹书纪年》和《世本》。司马迁所著《史记》正式把“通古今之变”作为著述宗旨之一，较

为全面地反映了通史特点，以后各代不断丰富发展。高校思政课教学具有通史意识，这就要求思政课教师既要掌握与通史相关的理论，还要在充分熟悉教材的基础上，在课下查阅大量资料，增加知识储备，唯有此，才能把通史意识灵活贯穿于思政课教学，达到拓展思政课教学深度和广度的目的。

恩格斯曾言："一个民族要想站在科学的最高峰，就一刻也不能没有理论思维。""中华民族要实现伟大复兴，也同样一刻不能没有理论思维。"高校思政课教学具有通史意识，便是培养学生突破经验思维层面，对历史及人类社会进行深度的本质思考的能力。这不仅关系学生的认知结构和思维方式的培养，也关系高校思想政治理论课"立德树人"目标的实现。

第五节　高校思想政治理论课的教学语言锤炼

现代教育背景下的思想政治理论课教学，应依据党的十九大的要求进行创新。因此，高校教师应利用多元化的教学语言，不断丰富课堂、锤炼课堂主体，使传统理论课教学模式得到优化。基于上述，本节分析了高校思想政治理论课的本质，探讨了锤炼课堂语言的作用，并根据当前高校思想政治理论课教学所存在的问题，给予针对性的解决措施。

高校教师不仅是学生学业的向导，更应当以培养学生的思维辨析能力为核心，让学生的道德素养得到全面提升。由此可见，教师应不断优化课堂本身，改变传统教学方式的缺陷，锤炼出合理、科学的教学语言，从而提高学生的学习积极性和学习兴趣。同时，锤炼教学语言的过程中，教师也需要将思政的课程框架融入其中，并凝练出最精简的语言逻辑和语言结构，使学生吸收先进的教学思想内容。

一、高校思想政治理论课的本质

高校思想政治理论课主要以中国特色社会主义思想为本质，让学生在思政课程中学习与时俱进的学科思想，有利于让学生在认清自我的过程中了解唯物主义的内涵，培养学生的"公民"意识。由此，充分认知高校思想政治课的本质，有利于提高思政课堂教学的教学效率，其本质体现在以下方面：第一，理论课包括当前社会的发展方向和发展形式，如社会荣辱观和发展性思想的特点。第二，课程需要侧重于对学生性格和差异进行分析，如需要对学生人生和生活方向进行解惑。第三，需要使学生明白生活和学习的关系，厘清思政必修课的重要性。第四，课程也强调对学生综合素养的培养，特别是对学生应变能力的开发，逐渐发掘最适合学生自身的发展方向。

二、锤炼思想政治理论课堂教学语言的作用

锤炼思政课程的教学语言，能让学生在一定教学计划范畴内形成发展性的人生价值观，

有利于让学生掌握最正确的思想观念。因此教师需重视锤炼课堂语言，培养学生的思维能力，使学生清晰认知正确和错误内容的区别。所以，教师务必精准锤炼思政课堂的语言内容，理解课程的核心作用，以彰显思想道德水平的意义。其作用主要包括以下几点：

（一）提高课堂效率

思政课堂应使用精干、简洁的语言，同时利用新媒体突出某一事件的过程及影响。如现阶段大学课堂会借助新媒体技术进行教学，利用精准的语言讲述社会主义指导性思想，有利于让学生在潜移默化的教学引导中形成社会主义的意识，这对于提高课堂教学效率是有利的。同时，思政课程对学生的成长是有利的，因此锤炼思政理论课语言能显著提高课堂效率。

（二）突出教学重点

精干的语言能让学生根据板书了解到课程的重点。通过阐述思政理论课框架，借助对应的教学手段细化某一知识点内容的讲述，有利于加深学生对理论内涵的理解。同时，通过系统的教学介绍，有利于让学生确保其身心健康，使学生的物质、精神得到满足。此外，学生可借助学习工具明白相关知识点的运用方法，并在学习中举一反三，有利于减少学生之间、师生之间的矛盾，从而构建更稳定的教学环境。

三、当前思想政治理论课教学的不足

（一）可实践性不足

由于当前思政理论课程大多局限于课本，可能会导致实践课程与理论课程相脱节。在此过程中，若教师仅使用板书形式讲述新时期的政治思想，而不对这些思想的内涵进行深度探讨，可能会让部分学生不能理解这些理论的含义，使这些理论运用到生活实际当中，极易降低学生对课程学习的积极性。同时，某些理论课程没有实践数据的支撑，未能贯彻“实践是检验真理的唯一标准”的思想，也会对学生的认知理解有消极影响。

（二）活动课程较单一

思想政治理论活动课程较单一，很多高校在进行相关课外教学活动中，以张贴横幅、发布思政课程宣传单为主。通常这些单一的教学模式的教学效果并不是很好，容易使学生产生逆反心理，甚至还会对思政课程有抵触情绪。同时，在保证活动安全的前提下，活动课程的设置时间也存在一定的不科学性，如占用了学生的放假或周末时间，这也是导致理论课程有效性不高的原因之一。

（三）理论内容灵活度不高

高校思政课程的呈现形式多以讲述传统思想理论为主，而这些理论的灵活度不高，不少学生会出现早退、逃课的现象。同时，很多教师没有将新媒体教学方式与传统教学模式相结合，或者整节课程以播放电影视频为主，未利用微博、微信、微课、抖音等资源，这无疑造成了学习资源的浪费。此外，某些学生的学习态度不端正，或者教师未将学生的优势体现出来，导致学生不能将学习精力专注于课堂中。

四、精练思政课堂教学语言的措施

（一）精练课堂语言，突出教学重点

思政理论课程是繁琐而又乏味的，这就要求教师能够把握住教学重心，并围绕这一教学重心进行总结。所以，教师在引出教学问题的同时，需要使用较为精练的语言总结这一问题所涉及的知识点和相关内容，使学生在认知规律的过程中掌握理论的内涵，不断活跃学生的思维，从而彰显课程的实践性。具体应从以下几方面进行内容精练：

第一，需要把握政治课程的严谨性。所有理论课程都是非常严谨的，需要以理性、客观的态度看待所遇到的问题，使用精准无误以及平和的语气对这一问题进行或深或浅的探索。通过较为正式的形式，引导学生对问题进行推理探索，以此提升概念内容的准确性和严谨性。当学生对某一理论问题有所疑问时，教师也应积极对这一问题进行系统的解答。例如，湖南工业职业技术学院思政课堂上，教师引导学生以自己的认知，讲述“生命接力”的意义。课堂上，学生讲述了他自身的经历，并借助视频对这一事件进行呈现。由此，学生理解了骨髓捐献的使命，也能从这位学生身上学习到担当和责任的内涵。值得注意的是，这一过程必须保证事件内容的严谨性，这样才能引导学生认知“奉献”二字的使命意义，也有利于让学生自主发现身边的小事，透彻理解社会主义核心价值观对个人成长的作用。

第二，需要把握学术语言的规范性。任何政治学术语言都是极其专业的，所以教师需要精准用词，使用规范的术语和针对性的逻辑推理，让学生信服。例如，在讲述利润和收益的关系时，教师需要借助对应的生活场景，对所涉及的经济问题进行探知和分析，借助数字阐述问题和事件的真实性。同时，在探讨“经济贸易”这一问题时，必须结合各国的经济储备、经济情况进行探索，引导学生利用精准的数字分析基本理论的差异性。

第三，需要把握理论的关联性。几乎所有的思政理论都是有关联的，教师需要分析出理论的层次特点，借助每一层级的大小进行条理划分。由此，教师一定要注意课程内容的先后顺序，在必要的条例中予以层层推进，使专业的术语得到有效的拆解，这样不仅有利于学生明确学习计划，也能让学生听懂思政理论内容并理解关联理论内容。

（二）完善理论储备，发挥教学特点

诸多课程理论都是与时俱进的，教师需要不断学习政治基础理论，不断丰富自身的理论储备量，形成独特的教学特点和教学观念。由此，教师需要认知到国学、历史、政治、经济学、心理学等方面的内容。一方面是由于心理学、经济学能够提升教师本身的气场，有利于让教师就不同的学生特点进行分析，同时结合专业性、针对性的应用举例，提高授课的有效性。此外，教师需要展现出自身独到的教学特色，在开展教育的同时丰富课堂本身，具体应从以下两方面进行探讨。

第一，根据教学大纲，策划出导学方向。例如，教师可结合某一政治或社会方面的热点，要求学生从“实验”的角度进行理解，同时对这个问题进行预测和讨论。当学生提出不专业抑或是调侃性的言论时，教师必须对这位学生进行针对性的指导，同时重点强调课堂纪律，使学生在开导过程中把握严谨而专业的心理，这对于活动的开展是有利的。

第二，结合教学内容，提升课堂主动性。教师应改变传统的思政课程模式，将课堂侧重于对学生的引导和讨论。由此，教师可采用分组教学模式，将学生分成人数相近的教学小组，引导学生在小组讨论中进行学习、互动和理解。同时，教师应要求学生养成适合自我的学习方式，根据这一学习方式进行学习与记忆，有利于提高课堂实效。

（三）利用新媒体平台，寓教于人

思想政治理论课需要更加“亲民”，主要是由于传统、晦涩的语气和方式可能会让思政课堂枯燥无味，难免会让学生缺乏对思想政治课程的学习积极性。由此，教师需采用以下方式进行创新：

第一，巧用微课教育，同时借助时尚、热门的网络用语，让思政课堂不失活力。由此，教师可引入带有正能量的词语，借助诙谐、幽默的语言风格阐述问题，能让课程更有意思，也能让教学有事半功倍的实际效果。

第二，教师应利用微信、微博等教学方式，对课堂语言进行教学设计，使教学课堂不失文学色彩。其主要原因是“00后”的大学生思想普遍较为前卫，所以教师需要采用更加亲和的网络流行用语进行教学探知，也能拉近师生之间的距离。但是，相关网络用语也不可过度引用，否则会让课堂丧失严谨性。因此，网络教学应当做到恰到好处，不可过多。

第三，当理论教学中出现歧义时，教师应当合理调节讲课音量，切不可让教学过于官方和沉重，特别是有学生出现早退现象或随意讲话的现象时，教师应机智化解，尽量不要伤害学生的自尊心。当有学生想在课堂上发表自己的观点时，教师应该利用多媒体平台，鼓励学生利用最为合适的方式表现自我，有利于缓解紧张而单调的课堂氛围。

（四）营造良好的教学氛围，凸显教学语言魅力

营造良好的教学氛围，采用积极、向上的态度进行理论课程的教育，有利于让学生积极参与到课堂探索中，使师生的思维、情感、意识产生共鸣。因此，需要从以下几方面开展。

第一，教师应深度挖掘现有的教材内容，同时进行思考、总结，将生活中的时事、政治、文化元素融入实际教育，培养学生的发散性思维，使学生能根据课本中的理论知识，联想到所涉及的相关案例，有利于提高学生的代入感。例如，教师可对“2020年两会”的内容进行讲解，分析会议内容与培养学生综合能力的管理，同时让学生积极表达自己对于时事政治的看法。这不仅有利于让学生学习到现有的理论知识，还能提高学生的课堂积极性。

第二，教师需要采用幽默、风趣的语言对具体的知识点进行讲解，有利于为枯燥的学习提供良好的教学氛围。例如，教师可引入部分网络词汇，分析出网络词汇的词性及用法，

从而活跃课堂气氛，让学生明白思想政治课堂的作用。但是，教师需要注意不要大量使用网络词汇，大量使用网络词汇可能会导致对理论内容的讲解、分析不到位，抑或是课堂的专业度不高的情况，无法引发学生对某一事件、某一案例的思考。

第三，可采用探究式教学活跃传统课堂的气氛，引导学生利用互联网（抖音、快手、微博）软件查询学科资料，同时对某一知识点进行讨论探讨。另外，教师需要提炼教学语言，采用简单、易懂的语言讲述不同理论的内涵，凸显学生的主体地位，有利于学生更深入、更专注地探究具体的学科问题。此外，教师也需要在课堂中融入其他学科的内容，如社会学、心理学方面的内容，同时采用温和的语气，及时关注学生的心理状态，使学生积极、主动地进行思考探究。

第四，教师也需要在课堂中播放微课内容，内容可选择有教育意义的典型事例，让学生采用不同的思路进行思考、判断，以此总结出开放性的答案。通过不断丰富现有的教学资源，提高教学的灵活度，从而避免学习资源浪费的情况。同时灵活、生动的课程也能逐渐提高课堂的影响力，让学生摆正态度进行思考探究，进而养成自主思考、综合探究的好习惯。

综上所述，充分发挥高校思想政治理论课的特色，并借助时尚、鲜活的教学语言，利用合理的教学方式，有利于凸显思政课堂的教学氛围。同时，教师也需要不断完善自己，不断强化语言的表达效果，让课堂语言具有穿透力，有利于让思政教学模式更加多元。

第六节　对分课堂与高校思想政治理论课教学

2019 年 3 月 18 日，全国学校思想政治理论课教师座谈会在北京召开。办好思想政治理论课，最根本的是要全面贯彻党的教育方针，解决好培养什么人、怎样培养人、为谁培养人这个根本问题。同时要加大对学生的认知规律和接受特点的研究，在高校思政课教学中充分发挥学生的主体作用。要坚持灌输性和启发性相统一，注重启发性教育，引导学生发现问题、分析问题、思考问题，在不断启发中让学生水到渠成地得出结论。由此，落实立德树人的根本任务，增强思想政治理论课（简称思政课）教学的实效性，让学生真学、真知、真懂、真用，成为可靠的、合格的人才是当下思政课教师教学的重点。

把对分课堂引入高校思政课教学中，将是落实全国学校思想政治教学座谈会精神和思政课课程改革相结合的一项重要举措，也可以构建形式多样、内容丰富、教学相长的高校思政课教学模式。

一、对分课堂的内涵

对分课堂是复旦大学张学新教授在 2014 年提出的一种创新教学模式。对分课堂中的对分就是把课堂时间一分为二，一半的时间为教师对教学重难点进行具体讲授，另一半的时间则是学生的讨论。目前高校采取的教学模式大多为讲授式、讨论式、混合式，对分课堂这一教学模式隶属于混合式，但不能等同于混合式教学。

在传统的讲授式课堂中，教师满堂灌、学生满堂听。这种教学模式在理科、工科或者是一些偏向纯理论的课程中，教学效果比较好，因为它极大地节约了教学成本，学生可以对理论进行集中学习，课下再去分析并总结。但思政课的课程实质是理论联系实际，而且更多的是一种立时的反思。因此，在讲授式的课堂上，学生的理论很难立即与实际结合产生共鸣，这也是很多思政课教师即使讲授得非常好、理论性非常强，但是学生不喜欢听的原因，甚至在大学生中造成思政课教师"刻板"的印象。

还有一些教师，大多是年轻教师，他们往往会运用讨论式的教学模式。比如讲故事、辩论赛、情景剧、模拟法庭等多种教学形式，让课堂充满了欢声笑语，学生的参与度也很高。但是这种讨论式的教学模式往往会占用大量的课堂时间，"欢声笑语"过后，学生在课堂上又有多少收获呢？没有理论指导的形式再好也只是形式，而好的理论与形式完美结合才能绽放出更美的花朵。

混合式教学，顾名思义，就是在课堂中有讲授也有讨论，感觉和对分课堂没有什么不同。那么，混合式教学和对分课堂之间有哪些异同呢？

二、对分课堂的特点

据笔者近几年自身的教学活动以及对广东省部分高校的走访，思政课教学的特殊性要求教师将严谨的理论讲授与学生的积极参与相结合，而这也就是典型的混合式教学模式。即教师在开学初对学生进行分组，学生按照分组进行分工，一起完成资料搜集、内容整理、课件制作、讲稿撰写和上台展示。在上台展示之前的所有过程中，小组任务可能是学生分工合作完成，也可能是由少数学生完成而大部分学生"搭便车"。在分小组上台展示完毕后，教师对每一组学生的任务完成情况进行点评并打分。这种教学模式从出发点来看是好的，教师讲授知识、学生分工合作、分组进行点评，可这种传统的师生互动的教学模式其实存在很大的问题。

（一）传统教学模式的弊端

在传统的课堂上，每节课的前半部分时间是教师的理论讲授，后半部分是学生的展示，但因为分组情况是开学初就已经安排好的，这就会出现在课堂上教师讲授的内容与分组学生进行小组展示的内容没有关系。或许有人会问，如果刚好教师讲授的部分和学生分组展示的部分一致呢？

那就会出现另一个问题，学生准备的内容是理论授课前就准备好的，可以说这组学生展示的部分是学习理论前学生仔细理解掌握的结果。偶尔会有几个应变能力极强的学生能够将教师刚刚讲授的内容迅速地穿插到自己的小组讲解中，但这样的学生可谓是凤毛麟角，课件和讲稿已经限制了他们的想象，甚至有时学生小组讲解的内容和教师授课讲解的内容相悖，这显然也违背了分组讨论的初衷。

最后，讲台上的学生在进行小组展示时，台下的学生又在做什么呢？学生在课堂上不是玩手机就是看课外书，有的甚至经常旷课。大部分教师不抓课堂纪律，听之任之，学生只要能安静听课并最终通过考试，教学目的就算达到了；还有一些教师只顾紧跟教学计划去完成教学任务，不管学生的考勤和课堂纪律，组织学生参加实践活动由于受各方面条件限制，所以多流于形式，起不到应有的作用。不排除有部分展示学生的高光时刻会吸引讲台下学生的注意，但更常发生的则是小组展示的时间变成了讲台下学生的休闲时光。这主要是讲台上的学生展示不能吸引台下学生的注意力，当然还有台下学生参与感较低、思想走神等情况的发生。真正吸引全体学生目光的恐怕也只是小组展示完毕以后教师点评的时刻，小组展示也变成了“小锅饭”，这完全与启发性教育的育人目标背道而驰。此时，对分课堂的优势就显现出来了。

（二）对分课堂的特点

按照王海明教授在《伦理学原理》中提到的人的学习过程的有关内容，教学应该分为三个阶段：讲授、吸收和讨论。王海明教授把它称之为 PAD 课堂。

这三个阶段应该是有时间顺序的。因此讨论应该是在讲授部分之后进行，甚至讨论部分的全过程一定得是在讲授部分之后进行，这样才能真正体现出教师教授的效果。而这其中有一个重要的环节也不要忽视，那就是内化。内化意味着学生能够自己去感知内容，并能通过外化的方式表现出来，这是一个独立的过程。因此对分课堂在形式上有三种类型，即当堂对分、隔堂对分和混合对分。具体采取哪种对分形式取决于课时安排和教学内容，但可以确定的是这一定是在讲授后开始，并且要有一个完整的过程。参与讨论的人群范围，不应该仅限于展示小组成员和教师，而应该是整个班级的全体学生，这才是真正的全员全程全方位育人。那么我们要做的，就是把讨论部分进行细化拆分，讨论不仅仅是阐述自己的理解，更要提出问题并尝试解答问题。讨论的范围应当是整个班级，当天参与的小组成员是主要参与者，乃至当时课堂上的实际“教师”。在场其他学生在听完讨论小组的展示后对其展示内容或者其他相关内容进行提问，小组全体成员尝试解答，也可由非小组成员解答，教师则可以进行总体知识性引导，也可一同参与讨论。每个学生的提问、解答、提出的观点都将会列入自己的过程性成绩考核中。学生在每一场讨论中的表现将直接决定自己这门课程的最终成绩，从而调动全班学生的积极性。而讨论的内容范围也应该适当放宽，让学生敢于在课堂上表达自己的真实想法，在讨论中达到真理的升华及教育的目的。

（三）对分课堂与翻转课堂的整合

有一种教学模式与对分课堂的教学方式极为相近，那就是翻转课堂。这种新的教学模式的开发要归功于互联网对传统教学模式的革新。所谓翻转课堂，即学生课前统一去观看教师提前录制好的教学视频，并通过查阅资料和自主思考形成自我意识。回归课堂之后，教师不再集中对教学内容进行具体讲授，而是注重与学生的互动，检查学生的课前学习情况，就教学重难点与学生进行讨论，并集中解决学生在学习过程中出现的问题。翻转课堂的提出，对学生和教师都是一种极大的挑战。对于学生而言，不仅要求学生主动自觉地利用课堂外的时间学习，更要从自身的角度提出问题，形成独立的知识积累。对于教师更是如此。教师通过网络课程，在课堂外已经把教学重难点进行了讲解，因而在课堂上则需要集中对学生在学习过程中产生的困惑进行答疑，这就需要教师具备深厚的理论功底和极强的应变能力。毋庸置疑，翻转课堂对于传统课堂教学而言，打破了时间和空间的束缚，极大地提升了课堂的教学效果。那么对分课堂与翻转课堂相比，有什么不同，又有什么优势呢？

其实对分课堂的提出是晚于翻转课堂的，甚至可以说对分课堂在一定意义上也是借鉴和吸收了翻转课堂的优势。这两种教学模式都有一个显著的特点，就是教学主体不再是教师，而是转换成了学生，教师则从主导者变成了引领者和辅助者，这也是近年来教学改革的大趋势和总目标。对于教育工作者而言，“要我学”和“我要学”所达成的教学效果是天差地别的。由此翻转课堂和对分课堂其实可以融合到我们的思政课课堂中来。以2020年上半年为例，大中小学大多采取“停课不停学”的模式，即学生利用互联网“云上课”。单纯“直播”课的教学模式其实就近似于我们传统的课堂教学，而“录课＋直播”的教学模式就很像“翻转课堂＋对分课堂”的融合。相信互联网教学会越来越多地被融入传统课堂教学中来，将“翻转”与“对分”相结合，应该也是今后教育的大势所趋。

三、对分课堂运用于高校思政课教学中的意义

在“云时代”和“自媒体”时代，高校思政课教学也进入了新时代。学生不再是思想上的“小白”，他们对党、对国家、对社会主义都有自己的理解和感受。网络信息的虚虚实实，让大学生无法完全辨别其虚实，这也为高校思政课教师更好地践行立德树人目标提出了更高要求。

思政课是培养合格社会主义接班人的主阵地。对于那些社会上的热点问题，作为高校思政课教师，要严守自己的阵地，对于一些关键性和立场性的问题，要有理有据地给学生进行具体讲授，通过讨论让真理深入人心。同时，高校思政课教师要尊重学生，应该在课堂上赋予学生应有的权利，同时也要让学生清楚地了解自己所应当承担的责任，发挥学生的主体作用，而教师要从主导者变为服务者、参与者、引领者。目前，对分课堂已经被中华人民共和国教育部全国高校教师网络培训中心列为网培项目，可见对分课堂教学模式的运用势在必行。

（一）全过程育人的重要载体

“在大中小学循序渐进、螺旋上升地开设思想政治理论课非常必要。”在习总书记的倡导下，全国大中小学都专门配备了思政课教师，那么高校思政课教师就一定要有针对大学

生的教学侧重点。如果说中小学更注重知识理论的掌握和爱国爱党情感的培养，那么高校思政课的重点则是培养大学生的创新思维、大局思维、历史思维、底线思维和辩证思维，能够运用所学理论对社会上的热点问题做出有理有据的分析与评论。对分课堂与其说是讲授加讨论，倒不如说是教师讲授加学生讲授加全体讨论。“引导学生发现问题、分析问题、思考问题，在不断启发中让学生水到渠成。”大学生具备的不应该是简单的认识和知识的积累，更应该是一种理性的思考、价值观的树立和情感的积淀。相信这一建议应该会伴随着对课堂的广泛推广得到真正实现。

（二）全员育人的重要载体

伟大的教育家孔子在两千多年前就曾提出过“有教无类”的教育理念，而大学培养的人才也应当是德才兼备的优秀人才。人才通常是专才，而不是通才。很多学生其实不是不愿意在课堂上表达自己的观点，而是心存单独回答问题错误后的恐惧。在以前的小组展示中，他们更愿意去搜集资料或者制作课件，羡慕台上的学生可以流畅地表达自己的观点，我们需要给他们一个表达自己心声的机会。还有一群学生，他们天天一副“与我无关”的表情，分组展示他们也都选择视而不见、听而不闻，仅仅享受小组集体带来的福利。此时教师有义务也有责任告诉他们，天下没有免费的午餐，要想获得分数必须靠自己的努力。还有极少数学生，由于受一些错误言论的误导，开始对一些时政有所怀疑但又不敢确定，他们想表达又怕身边的人对他们投以异样的目光。他们不是危害祖国的“废青”，他们同样是关心国家发展前途的有志青年，我们要让他们敢于发声，这样才能知道他们的真实想法。同时，我们要用理论和事实告诉他们中国特色社会主义的优越性，要告诉他们中国共产党是如何全心全意为人民服务的，更要告诉他们资本主义民主背后的虚伪和阴暗。要达到这样的目的，对分课堂就是重要的载体。

（三）全方位育人的重要载体

对分课堂的开展，对于教师和学生其实都有着能力方面的考验。对于教师而言，首先不仅要充实自己的基本知识储备，还要应对学生可能通过自媒体和书籍中获取的海量知识，如果说以前“教师要给学生一杯水，自己要有一桶水”，那现在则是“教师要给学生一杯水，自己要有一河水，这个河还得是流动的河”——尤其是与思政课密切相关的国内外形势与政策。其次教师要具备一定的应变能力，将教学的主动权交给学生是一种信任，但教师也必须要对这种信任有能力上的把握。教师和学生的相处依靠的是知识、能力和魅力而非权力，这也是一位合格教师应当具备的课堂组织管理能力。

对学生亦如此。开展对分课堂，学生也要掌握大量知识、材料才能对问题进行针对性的评析。同时，这种方式也会让学生在语言表达能力、组织能力、应变能力上有所突破。这也是《礼记·学记》中“学然后知不足，教然后知困。知不足，然后能自反也；知困，然后能自强也。故曰：教学相长也”这一观点提出的意义所在。

其实对分课堂从提出到运用于课堂教学已有数年，这种教学模式也越来越得到教师和学生的认可。不过在信息化日益发展的今天，任何教学模式都不可能是永恒的，它也需要不断地与时俱进，适应教育发展的大方向。运用对分课堂教学模式，从表面上看，教师在教学中讲授的时间变少了，但从过程和结果上看，教师的备课量增加、学生的参与度得到提高、教学效果变得更好。因此，我们有理由相信对分课堂这一教学模式会成为高校思政课教学改革的新路径、新方法。

第四章　当代大学生思想政治教育的学科经验借鉴

借鉴相关学科的理论成果，运用系统的、全局的视野来研究大学生思想政治教育的质量问题，学科建设不仅有利于实现新的时代条件下大学生思想政治教育的发展创新，而且对研究者能力的提高也有着至关重要的作用。

一、对教育学的借鉴

思想政治教育学与教育学同属于教育科学体系，包含在教育科学体系内，是教育科学体系的重要组成部分。

（一）借鉴教育学揭示教学规律的理论

教育学强调教育过程要遵循教学规律，教学规律是客观存在于教学过程中的不以主观意志为转移的本质联系。

1. 掌握传授知识与思想教育相统一的规律

教师在传授知识的过程中，无论传授的是哪方面的知识总会或多或少地对学生的思想感情、立场观点、意志性格、道德品质等方面造成一定的影响，这也使学生能接受大学生德育教育的一种方式。另外，教师的思想品质、言谈举止、风度气质等个人特质，也能对学生产生潜移默化的教育影响。因此，在教学过程中教师应严谨治学、为人师表，通过自己的实际行动为学生树立良好的思想道德行为榜样，知行统一、言行一致。

2. 掌握知识和发展智力相统一的规律

学生掌握知识与发展智力、培养能力是辩证统一的，单纯地强调任何一种都是不科学的，因为无论是知识的单纯增长还是智力的单纯提升都难以提升学生的综合素质。大学生思想政治教育要尊重教育学的基本规律，在注重对大学生进行马克思主义基本理论知识传授的同时，还要加强大学生实践活动的开展，将其所学的知识转化为实践能力。

3. 掌握教师主导作用和学生主体地位相结合的规律

在教和学的统一活动中，教师应该充分发挥自己在教学中的主导作用，按照客观规律启发与引导学生去学习、认识和实践，充分激发其积极性。在教学过程中，教师的主导作用和学生的主体地位是辩证统一的，教师的主导地位并不是绝对的，在某些情况下教师也可以激发学生在大学生思想政治教育中的主体性，发挥其主导作用。

（二）借鉴教育学论述教学方法的理论

教学方法是教师和学生为了实现共同的教学目标、完成共同的教学任务，在教学过程中运用的方式与手段的总称。它既包括教师教授的方法，也包括在教师指导下学生的学习方法。教育学所论述的许多方法是行之有效的教育方法，非常值得大学思想政治教育借鉴。

1. 讲授法

讲授法是教师通过口头语言向学生描绘情境、叙述事实、解释概念、论证原理和阐释规律的教学方法。讲授法是教师使用最早的、应用最广的教学方法，其他教学方法的运用，几乎都需要同讲授法结合进行。大学思想政治教育者应重视自身口头讲授技巧和能力素质培养——俗称“嘴皮子”功夫，以期获得良好的教育效果。

2. 参观法

参观法是根据教学目的和教学任务的要求，组织学生到校外场所，使学生通过对实际事物和现象的观察、研究获得新知识的方法。参观是以大自然、大社会作为活教材，能打破课堂和教科书的束缚，使教学与实际生活、生产密切地联系起来，取得良好的教育效果。大学思想政治教育者要勤于研究学生的特点，借鉴参观法的开展特点，进行革命传统教育、正反典型教育、改革开放成果展等参观活动，使思想政治教育活动的形式生动、富有成效。

3. 讨论法

讨论法是在教师的指导下，由全班或小组围绕某一个中心问题通过发表各自意见和看法，共同研讨、相互启发、集思广益地进行学习的一种方法。大学思想政治教育者也应借鉴讨论法“以他人为镜”的宗旨来指导和丰富自身开展活动的形式，进行相关理论和现实的热点、难点、疑点等问题的讨论活动，引导教育对象在集体教育和相互探讨的过程中，完成更有成效的自我教育。

二、对政治学的借鉴

人是在具体的政治生活中来提高思想政治素质的，有关政治生活内容的理论有助于思想政治教育学全面而深入地研究受教育者所处的政治生活环境，确定思想政治教育的内容，实现思想政治教育的任务。

1. 政治秩序和治理

政治秩序是指社会中人们依据基本的政治共识、政治与法律制度展开政治实践的一种状态。政治秩序在行动上体现为政治治理。政治治理既包括传统意义上的维护政治秩序的统治行为，也包括实现经济社会发展目标的社会管理行动。

2. 政治参与和监督

政治参与是指公民通过一定的方式去直接或间接地影响政府的组成、运行和决策或与政府活动相关的公共政治生活的政治行为，是公民自下而上的政治行为。监督分为政治监督和社会监督。政治监督是指在政治管理过程中，为保证社会公共权力机关所担负的职权的正当范围内和轨道上运行，而对其进行监视、检查、控制和纠偏的各种活动，其本质是以权力制约权力，其目的在于抵御权力的腐蚀性。社会监督是以国家机关以外的社会组织或公民为主体进行的监督。这种监督主体范围十分广泛，民主性比较突出，虽然不具有法律效力，但发挥着非常重要的作用。

三、对心理学的借鉴

心理学是研究人的心理现象、心理过程和个性心理及其发展规律的科学。人的思想品德的形成过程，也是一种心理活动的过程，因此心理学对研究思想政治教育的规律有着重大的意义。心理素质是思想道德素质的基础条件和构成要素。马克思主义心理学是我国思想政治工作科学方法的重要依据。

（一）借鉴心理学关于心理活动过程的理论

心理学研究的对象是人的心理现象，心理现象是心理活动过程和个性心理的统一体。心理活动过程是指人的心理活动发生、发展的过程，它由认识过程、情感过程和意志过程构成，心理活动过程体现着人类心理活动的共同规律和一般特征。心理学注重认知、情感和意志训练相结合形成完善的个性和品质，大学思想政治教育强调对大学生思想品德素质培养的最基本的“晓之以理、动之以情、导之以行、持之以恒”的工作方法，正是建立在心理活动过程理论知识基础之上的。

1. 认识过程理论

认识过程是人对客观事物的不同程度、不同水平、不同层次、不同方面的认识过程，即感性认识到理性认识的发展过程，包括感觉、知觉、记忆、思维和想象等。

2. 情感过程理论

人们在认识事物的时候不可能无动于衷，也不会淡泊无情，总会伴随着认识活动的进行而形成各种态度，产生相应的喜、怒、哀、乐、爱、恶等情绪情感体验，这种心理活动过程就是情感过程。

3. 意志过程理论

我们在与自然界相互作用的过程中，常常在认识的基础上、在情感的推动下，根据事物发生发展的规律，自觉地确定目的、制定计划、调节行动、克服困难、实现目标，使客观事物向着符合我们需要的方向发展，这就是我们的意志过程。

（二）借鉴心理学关于个性心理形成与发展的理论

1. 需要动机理论在大学生思想政治教育实践中的运用

需要理论认为，人的一切行为都是受本能需要的直接刺激而产生的。虽然人有满足自己需要的基本特征，但是大多数时候人们都是从理性的角度考虑自己的需求以及动机的，因此人们能够自觉调整自己的需要、动机和行为。心理学关于需要的理论告诉我们，在当前的社会条件下，最大限度地满足人们日益增长的物质需要和精神需要，是大学生思想政治教育工作者应该考虑的内容，同时也是大学生思想政治教育的目标之一。如果大学生思想政治教育工作背离了其基本目的，脱离了满足人们物质需要和精神需要这一基本原则，势必软弱无力，缺乏吸引力和说服力，从而影响教育效果。从事大学生思想政治教育工作的管理者，在进行大学生思想政治教育工作的安排和规划时务必要对工作对象的心理特征及其个人需求进行透彻的分析和了解，从而有针对性地对思想政治教育工作进行设计，争取达到最好的教育效果。

2. 个性心理形成与发展理论在大学生思想政治教育实践中的运用

心理过程与心理活动是每个人都有的，但同样类型的心理过程或心理活动，体现在每个人的思想与行为上都存在一定的差异，我们将这些个体差异的表现称为个性心理。它是个体身上表现出的比较稳定的一种心理特征，具有模式化、固定化的基本特征，对行为研究有一定的参考作用。无数的教育实践证明，深入研究并把握个性心理及其形成发展规律，对于实施因材施教、开发人的潜能具有重大意义。个性心理的形成和发展是多因素交互影响的结果，是在遗传素质的基础上，在一定环境和教育条件的影响下，通过个体积极主动的社会实践活动而被塑造出来的。大学生思想政治教育应充分重视心理学关于人的个性心理形成发展理论，了解影响大学生个性心理的各种因素，使教育活动能产生较强的针对性和实效性。

四、对社会学的借鉴

思想政治教育学是一门指导人们形成正确思想行为的科学，它以人的思想行为形成变化的规律，以及实施思想政治教育的规律作为自己的研究对象。但思想政治教育作为复杂社会系统中的一个子系统不是静止的，在发展过程中出现的各种实际问题也不是孤立的，只有将其放在社会的大背景中，才能较为准确地把握和实施思想政治教育，也才能切实地解决各种实际问题。多学科的参与已经成为思想政治教育学的一条重要路径，社会学便是其中之一。社会学是从某种特有的角度，或侧重对社会、对作为社会主体的人、对社会与人的关系等进行综合性的研究，即研究社会问题的一门科学。它所研究的领域相当广泛，所研究的社会文化和社会思潮，涉及社会生活的方方面面。社会交往与人际关系、社会组织与社会群体以及青年问题、家庭问题、犯罪问题等，都与思想政治教育的内容和方法相关，其中很多方面的研究，都能为思想政治教育学科有所借鉴和应用。

（一）借鉴社会学关于人的社会化理论

社会学所研究的人的社会化问题，与大学思想政治教育在本质上具有一致性。大学思想政治教育所要解决的主要任务就是实现大学生的思想政治和道德的社会化。大学思想政治教育还是社会化的一个重要手段，思想政治教育帮助大学生树立远大理想和培养高尚的道德品质，明确自己的社会职责和行为规范。从这一意义上说，大学思想政治教育的过程也是大学生的社会化过程，大学思想政治教育可以帮助大学生完成全面的社会化。

1. 社会化的定义和途径

社会化就是指个人从生物人发展成社会人，不断认识社会、适应社会，从而形成、发展和完善自己的人格并积极作用于社会的过程。社会化的基本途径是社会教化和个体内化。社会教化，即广义的教育，这是社会通过社会化的载体及其执行者对个体进行的社会化过程。个体内化，是指个体将社会教化的内容转化为自身的行为模式、人格特征、思维方式的过程。

2. 社会化与个性发展

所谓个性的发展就是指个人特有的生理素质、心理素质、思维方式和行为方式等的充分自由发展。马克思主义认为，个性的充分自由发展在人的全面发展中占有重要地位，人的发展在一定意义上就是“有个性的个人”的发展。在人的个性的形成过程中，生理、心理因素都以社会因素为中介发挥作用，人的个性是个人社会化的产物，是随着个人社会化的进程而逐步形成和发展的，可以通过社会化来塑造一个人的个性。社会化就是人的个性与自我形成及发展的过程。

人的个性发展是通过个人与社会的相互作用而实现的，个性发展包括自我意识的发展和道德意识的发展，这都是人的社会化的重要方面。

（二）借鉴社会学的研究方法

社会学的研究方法是社会学知识体系中最为重要的基础支柱之一，同时也是社会学相对于其他社会科学来说最具特色和优势的学科领域。社会学有一套比较成熟的社会调查和统计分析方法，如抽样调查法、统计推论法等，这些科学的方法对思想政治教育的研究方法具有较大的借鉴作用，对于加强思想政治教育的定量分析、实现定性分析与定量分析相结合、促进思想政治教育科学化有着重要的意义。

1. 问卷法

问卷法是指调查者根据研究的问题和研究的方案，通过设计一套要求被调查者回答的问题表，来收集资料的方法。问卷的基本结构包括调查问卷的题目、调查与填表说明书、问卷主题内容、实施情况记录等。问卷类型有开放式和封闭式两种。

2. 抽样调查法

抽样调查法是指按照科学的原理和计算，从所要研究的现象全部个体单位中按随机原则抽取部分个体单位进行调查，取得资料，并用以推算总体数量特征的一种方法。随机抽样的组织形式根据调查目的不同和调查对象的特点、数量等，可以分为简单随机抽样、分层抽样、系统抽样、多阶段抽样等。

3. 文献法

社会调查中的文献是指与社会调查研究对象有关的一切书面文字材料。文献法是指从搜集的资料中进行提炼、选择、提取、整理分析的过程。文献定性研究的一般步骤是文献摘录，分析文献资料与研究主题关系，说明主题。

4. 访谈法

访谈法是指调查者通过与被调查者面谈询问的形式来搜集研究资料的一种方法。访谈法的类型有个别访谈和集体访谈、一般访谈和深度访谈、作为搜集资料主要手段和辅助手段的访谈。访谈之前必须做好充分的准备，设计调查方案、拟定调查提纲等。

5. 统计推论法

统计推论法就是调查者利用样本的统计值对总体与之对应的各种参数值进行估计，从而获得分析数据和资料的方法。

大学思想政治教育除了借鉴以上学科理论外，也借鉴了法学、管理学、系统工程理论等学科的知识和方法，这些学科理论对大学思想政治教育的发展也起着重要的作用。

五、对伦理学的借鉴

伦理学是研究道德起源、道德本质、道德关系及其发展规律，研究道德修养和道德教育的内容、原则和方法的科学。马克思主义伦理学所揭示的共产主义道德形成和发展的基本原则、基本规律和规范，是思想政治教育学的理论依据，是思想政治教育学研究的重要内容。

（一）借鉴伦理学关于道德人成长过程的论述

著名经济学家亚当·斯密认为，作为经济人，人当然具有自私自利的一面，但这种自私自利又不是纯粹的，人还有富有同情心的一面，人也是道德人。伦理学关于道德人成长过程的理论，对于大学思想政治教育培养教育对象成为思想品德高尚的社会主义新人有着深刻的启示。

1. 道德人的形成

道德人的形成经历了漫长的过程。人的自我认知水平与个体最初得到的表现是相一致的，个体的内在自觉性是实现个体对道德追求的动因；同时，个体生活的社会条件也会对其道德水平产生重大的影响，这些都会使个体道德从萌芽状态逐渐走向苏醒。个体的道德觉醒达到一定的程度，道德人就会形成并丰富完善到相应的层次和水平。大学思想政治教育在研究教育对象道德意识觉醒和达到社会所要求的道德水平方面，应遵循道德人形成的原理。

2. 道德的自律与他律

这是一个持续的过程，在这个过程中，道德质的飞跃，逐渐由他律转变为自律。道德主体在此过程中，会用一些内化了的自己认为正确的道德原则来约束或调节自己的思想行为方向。自律是人真正实现道德的结果，自律的人就是道德的人，是一个有稳定和明确人格的人。道德人成长过程中自律与他律的关系，启示思想政治教育一定要重视引导教育对象自觉提高自身思想政治素质和品德水平，以真正实现教育目的。

（二）借鉴伦理学关于道德教育的过程理论

道德教育过程是指对人们进行有组织、有计划、有目的的道德教育，使人们在生活实践基础上确立某种道德认识、道德情感、道德意志、道德信念和道德习惯的复杂过程，主要有提高道德认识、陶冶道德情感、锻炼道德意志、树立道德信念和养成道德习惯五个环节。使社会主义和共产主义道德原则和规范转化为个人内在品质的教育，是我国思想政治教育的主要内容之一。伦理学关于道德教育过程的理论，对思想政治教育学研究、思想政治教育过程论有直接的理论借鉴作用。

1. 提高道德认识

人是理性的社会动物，人的行为是受自己特定的道德认识指导的。要使人们有社会主义和共产主义道德的理想人格，首先就必须使人们了解和掌握社会主义和共产主义道德的原则、规范和义务，然后才能有明确的道德实践方向。

2. 锻炼道德意志

道德意志是道德人格形成的关键。如果没有坚强的道德意志，就不能在道德实践中克服困难，牺牲个人利益，战胜邪恶和私欲，把善和正义发扬光大，也就无从形成理想的道德人格和品质。

3. 陶冶道德情感

要培养人的道德人格和个性，必须从培养一个人健全的道德情感开始。有了某种道德认识，并不一定会有相应的道德情感。只有在现实生活中通过长期对大量善与恶的事例对比，让受教育者深受感染，才能形成比较稳固的道德情感。

4. 确立道德信念

让受教育者确立道德信念，这是道德教育的中心环节。这个环节是以其他三个环节为基础的，只有识深、情笃、意果，才能形成坚定的道德信念。有了坚定的道德信念，也就有了精神支柱，人们的道德人格才初步建立起来。

5. 养成道德习惯

道德教育的宗旨，一方面是使良善的道德转化为人们内在的道德信念，另一方面是使这种良善的道德信念通过具体的道德实践表现为外在的道德行为，并最终形成自我的一种道德习惯。养成道德习惯后，人们对于道德规范要求习惯于遵守，须臾不离，从心所欲而不逾矩。

六、对人才学的借鉴

人才学是通过研究成才主体内在素质的变化，揭示人才产生和发展规律的科学。人才学研究揭示出人才产生和发展的运动过程表现为育才阶段和用才阶段。人才学与思想政治教育学有密切关系。思想政治教育学非常注重“培养什么样的人和如何培养人”的问题，思想政治教育的根本目的是为国家和社会培养现代化建设所需的人才。了解和掌握人才学所研究的育才、用才理论，对于实现思想政治教育的目的具有重要帮助。

（一）借鉴人才学关于育才的理论

1. 借鉴个体人才成长发展的过程和规律的理论

人才学研究指出，成才是人发展到一定阶段的产物。个体人才成长的过程有其运行的阶段，一般可划分为内在素质优化阶段、外在活动质变阶段和社会承认阶段。内在素质优化强调人才通过主观能动活动实现德、识、才、学、体五方面内在素质的有机统一；外在活动质变强调人才通过创造性劳动取得创造性劳动成果；社会承认是社会对成才者的素质和成果进行鉴定后予以肯定和承认的活动。成才主体的素质、成果通过社会承认，就标志着成才过程的结束，进入人才发展阶段，人才开始展示才能。经过若干次的社会承认，人才就会由初级人才上升到高级人才。人才学研究还指出，个体人才成长是有规律可循的，大致可概括为以下五个：一是有效地创造实践成才规律；二是顺势成才律；三是协调成才律；四是全面发展律；五是蓄积成才律。除此以外，个体人才成长还有一些特殊规律，如纵横成才律、扬长成才律、聚焦成才律等。大学思想政治教育可通过借鉴个体人才成长过程及规律的理论，对大学生的成长过程和规律有更加科学的认识、分析和把握，以有效实现培养全面发展的社会主义新人的目标。

2. 借鉴人才的素质与开发理论

人才素质是指人才所具有的先天素质和后天品质的综合。人才素质区别于一般人的素质的核心在于人才素质的层次要求更高、潜在能量更大、可创造的预期财富更多。人才素质是由多要素组成的结构体系，包括生理素质系统和心理素质系统，其中心理素质系统又分为智能素质和非智能素质两个子系统。智能素质系统由知识系统和能力系统等构成，非智能素质系统主要包括思想政治品德系统和心理品格系统两个子系统。人才素质的开发是在认识和掌握了人才素质的基本原理、结构与功能的基础上，进一步优化人才素质，促进人才健康成长，充分发挥人才素质功能，加强人才队伍建设的必要工作。大学思想政治教育可有效借鉴人才素质及开发理论，全面剖析大学生的素质构成，采用行之有效的方法，激发并引导大学生的素质提高。

3. 借鉴人才成长和发展的环境理论

人才的成长和发展与环境密不可分。马克思主义环境论探讨出人与环境的密切关系，使得人才成长环境也成为人才学探讨的重要话题。人才成长的环境是指人才在时空中赖以存在和发展的一切外部因素的总和。根据不同的标准，人才成长的环境可分为物质环境、精神环境，大环境、亚环境和小环境，自然环境、社会环境，历史环境、现实环境，积极环境、消极环境，国内环境、国际环境。其中，自然环境和社会环境是人才成长的两个重要环境，社会环境又分为宏观环境和微观环境，包括社会经济、政治、文化环境，家庭、校园、单位、社区环境。人才成长的环境对人才成长有支撑、约束、塑造、激励等作用，同时人才又能够认识和改造自身成长的环境。人才成长环境理论的研究对大学思想政治教育环境论的系统研究，具有直接的借鉴作用。

4. 借鉴人才社会承认的方式理论

人才的社会承认，就是指在人才成长与发展过程中，社会对成才者的素质和成果进行肯定和认可的活动。社会承认在人才成长过程中是一个至关重要的环节，只有获得社会承认，潜人才才能转化为显人才、低层次人才才能转化为高层次人才。否则，人才便会被忽视以至于被埋没，人才的价值便难以实现。

人才的社会承认可以通过多种方式进行，主要的方式有传播式、认定式、颁奖式、规范性评价式和选举式承认等几种。在人才社会承认活动中，应努力认识社会承认的各构成要素，推动社会承认的科学化。大学思想政治教育在研究自身教育活动价值时，也要通过评价社会对其教育对象的素质水平的承认程度来实现。基于此角度，人才社会承认的研究成果对大学思想政治教育评估研究具有较大的借鉴意义。

（二）借鉴人才学关于用才的理论

1. 人才的识别、选拔和考核理论

正确地识别、选拔人才，并对人才进行考核，是人才管理过程中的重要环节，是科学使用人才的前提。人才识别又称人才鉴别，应坚持灵活多样、不拘一格的原则。人才识别的方法包括考试、考察、民意评选等。人才选拔是指按照一定的要求，在一定范围内，按照一定程序和方法选择优秀人才的过程。人才选拔应坚持德才兼备、实践、竞争、公开公平、灵活性原则，选拔的方式包括考任制、选任制、委任制、招聘制、荐举制等。人才考核是指通过一定的考核方法和程序，对人才在工作中的表现进行全面了解和正确评定。人才考核包括对人才的德、能、勤、绩、识各方面的客观描述和人才优缺点的评价意见两部分。

2. 人才的使用原则

人才的使用原则是在任用、配备和使用人才的过程中遵循的基本要求和准则。它主要包括宏观的党管人才原则、人才的配置使用与经济社会发展相协调的原则、人才的宏观调控与市场配置相结合的原则，也包括微观的用人单位任人唯贤、尊重信任、用养并重、扬长避短、激励、择优汰劣原则。人才学的用才理论，为大学思想政治教育队伍建设的理论和实践提供了丰富的知识借鉴。

第五章　当代大学生思想政治课教学创新研究

大学生思想政治理论课是中国特色社会主义事业的重要组成部分，是对大学生进行马克思主义理论教育的主渠道和主阵地，在培养中国特色社会主义现代化建设事业的合格人才和社会主义事业接班人方面发挥着积极的作用。

第一节　大学生思想政治理论课的内容构成

一、大学生思想政治理论课的内容变化情况

从我国高等学校思想政治理论课程的发展来看，中华人民共和国成立以来我国高校思想政治理论课程内容体系发生了四次重大的变化。一是马克思主义理论教育“老三门”方案，这个方案的执行时间是从中华人民共和国成立到1985年，马克思主义理论课从总体上基本上保持“辩证唯物主义与历史唯物主义”“政治经济学”“中共党史”三门课程，文科学生另加“国际共产主义运动史课程”。二是马克思主义理论教育“新三门”方案，这个方案的执行时间是从1985年至1998年，马克思主义理论课总体上保持“中国革命史”“中国社会主义建设”“马克思主义原理”三门课程，文科学生另开“当代世界经济政治与国际关系”课。三是马克思主义理论与思想品德课程“98”方案，这个方案持续时间为1998年至2005年。四是思想政治理论课程“05”方案，这个方案从2005年开始试点进行，2006年在全国范围内全面展开。

中宣部、教育部2005年下发《关于进一步加强和改进高等学校思想政治理论课的意见》及《〈关于进一步加强和改进高等学校思想政治理论课的意见〉实施方案》（以下简称5号文件和9号文件），明确规定了思想政治理论课程设置和教学内容。

5号文件明确提出：要以马克思主义中国化的理论成果毛泽东思想、邓小平理论和“三个代表”重要思想为中心内容，完善思想政治理论课程体系。立足于对大学生进行系统的马克思列宁主义、毛泽东思想、邓小平理论和“三个代表”重要思想教育，进一步推动邓小平理论和“三个代表”重要思想“进教材、进课堂、进大学生头脑”工作，帮助学生掌握中国特色社会主义理论的科学体系和基本观点，指导学生运用马克思主义世界观、方法论去认识和分析问题。开展马克思主义人生观、价值观、道德观和法制观的教育，引导学

生树高尚的理想情操和养成良好的道德品质，树立体现中华民族优秀传统和时代精神的价值标准与行为规范。开展中国近现代史的教育，帮助学生了解国史、国情，深刻领会历史和人民是怎样选择了马克思主义，选择了中国共产党，选择了社会主义道路。开展党的路线、方针和政策的教育，帮助学生正确认识国内外形势。

9 号文件规定了课程教学的基本内容为：

“马克思主义基本原理”，着重讲授马克思主义的世界观和方法论，帮助学生从整体上掌握马克思主义，正确认识人类社会发展的基本规律。

“毛泽东思想、邓小平理论和‘三个代表’重要思想概论”，着重讲授中国共产党把马克思主义基本原理与中国实际相结合的历史进程，充分反映马克思主义中国化的三大理论成果，帮助学生系统掌握毛泽东思想、邓小平理论和“三个代表”重要思想基本原理，坚定在党的领导下走中国特色社会主义道路的理想信念。

“中国近现代史纲要”，主要讲授中国近代以来抵御外来侵略、争取民族独立、推翻反动统治、实现人民解放的历史，帮助学生了解国史、国情，深刻领会历史和人民是怎样选择了马克思主义、选择了中国共产党、选择了社会主义道路。

“思想道德修养与法律基础”，主要进行社会主义道德教育和法制教育，帮助学生增强社会主义法制观念，提高思想道德素质，解决成长成才过程中遇到的实际问题。

“形势与政策”课列为每个学生的必修课程。该课程理应是高校思想政治理论课的重要组成部分，在大学生思想政治教育中担负着重要使命，具有不可替代的重要作用。所以，“形势与政策”课必须坚持以马克思列宁主义、毛泽东思想、邓小平理论、“三个代表”重要思想和科学发展观为指导，牢固树立和认真落实社会主义核心价值观，紧密结合全面建设小康社会的实际，针对学生关注的热点问题和思想特点帮助学生认清国内外形势，教育和引导学生完全准确地理解党的路线、方针和政策，积极投身现代化建设的伟大事业。本课程讲授的主要内容包括进行党的基本理论、基本路线、基本纲领和基本经验教育；进行我国改革开放和社会主义现代化建设的形势、任务和发展成就教育；进行党和国家重大方针政策、重大活动和重大改革措施教育；进行当前国际形势与国际关系的状况、发展趋势和我国的对外政策，世界重大事件及我国政府的原则立场教育；进行马克思主义形势观、政策观教育。

二、当代大学生思想政治理论课的主要内容

（一）当代大学生思想政治理论课内容确定的依据

1. 坚持马克思主义立场

马克思主义不但是高校思想政治理论课研究的指导思想，也是高校思想政治理论课内容设立的重要依据。马克思主义的立场、观点和方法的教育就是对青年大学生进行思想政治理论课程教学的目的之一。思想政治理论课教学的观念指向和价值指向是显而易见的。

马克思主义认为，思想政治理论是属于上层建筑，是观念的、意识形态的一部分。思想政治理论课教学主要就是思想政治理论的教育和传输，所以思想政治理论课内容如何选用、思想政治理论课如何分配，以及把思想政治理论的各种观点如何融入思想政治理论课的教学和实践中，就显得特别重要。然而，需要指出的是不能错误地认为意识形态教育可以随意地剪裁思想政治理论课内容，也不能不加选择、不加编排地把杂乱的理论观点和历史事实倾倒给学生。要知道它是在马克思主义历史与唯物主义理论的指导下，以现实提出的问题为前提，以事实为基础，有选择地赋予思想政治理论课有意义、有价值的内容，对思想政治理论课教学做出合理的安排，使青年大学生认识到中国社会历史发展规律，认识到思想政治理论课教学的必要性和现实的合理性，增强大学生的社会认同和对政治的支持。

2. 坚持现阶段党的基本路线

在马克思主义的观点看来，经济是基础，政治是经济的集中表现，生产力是社会发展最根本的决定因素。在全党集中力量进行社会主义现代化建设的历史时期，发展社会生产力是党的最根本的任务、最大的政治任务。离开了经济建设这个中心和发展生产力这个根本任务，党的建设也就失去了正确的方向。虽然高校不完全是经济生产单位，但是要想发展经济就必须依靠教育，因为要想使生产力得到又好又快发展，首要的任务也是先提高劳动者的素质。

当前，我国社会正处于市场经济体制从逐步确立到完善的发展阶段，体制转轨所带来的影响涉及社会生活的各个方面，这些变化要求我们的思想观念和价值体系紧跟形势的发展。作为社会未来发展的生力军的大学生，应逐步确立起自主、平等、开放、竞争、法制意识，确立良好的社会人格和职业道德，在充满诱惑的社会生活中保持知荣辱、辨善恶的素质和品格。这也正是思想政治理论课教学的重要任务。随着经济全球化的深入发展，各国在经济、文化、教育等各方面的交流不断加强。这给我国的经济发展带来了前所未有的机遇。但是，当今以美国为首的西方发达资本主义国家在引导和推动经济全球化的过程中，却向全球强制推行只利于本国的游戏规则，并借助经济的对外扩张推行其价值观念和意识形态。这样就造成了部分年轻人开始崇拜西方的价值观念和生活方式，导致部分大学生的理想和信念开始动摇、意识形态观念逐步淡化、社会离心力在滋生。对此，高校思想政治理论课教学对大学生学习马克思主义基本理论提出了更高的要求，强调学习马克思列宁主义要结合贯彻党的基本路线的实践。

（1）党的基本路线为思想政治理论课内容的设置指明了方向。以经济建设为中心是党的基本路线的中心，在整个社会主义初级阶段，思想政治理论课教学必须紧紧围绕这个中心不放松，必须坚持四项基本原则不动摇。改革开放是强国之路，高校必须投身到改革开放的洪流中去。从本质上讲，改革开放就是要我们打开国门，学习世界上一切国家、一切民族的长处，利用人类文明的一切优秀成果来发展我们社会主义国家的生产力，提高人民的生活水平，增强社会主义国家的综合国力。在思想政治理论课内容教学过程中，对于其他政党、国家、民族的东西，必须采取扬弃的态度，取其精华，去其糟粕，坚持思想政治理论课教学的正确方向。

（2）符合党的基本路线的实践需要来改革思想政治理论课教学内容。对干部要注意抓好马列主义、毛泽东思想和邓小平理论建设有中国特色的社会主义理论的学习，加强对经济学知识和工作实践经验的学习，以及加强现代科学文化的学习等三个方面的学习。这些讲话的内容实质上就是在强调要坚持党的基本路线。如此一来，它对高校思想政治理论课程教学同样提出了具体的要求。因此，思想政治理论课的教学内容必须符合党的基本路线的实际需求。

在马克思主义理论学习上，要综合学习和运用新的四门课程教学的知识研究建设中国特色社会主义这个主题；还应增加下列内容，如各地区、各部门如何服从、服务于党的基本路线，经济体制改革与政治体制改革，世界经济一体化与中国社会主义经济建设，世界政治的发展与中国肩负的社会主义历史使命，当代科学技术的新发展与我国社会主义经济建设及知识经济等方面的内容，使思想政治理论课教学内容紧紧围绕党的基本路线，保证党的基本路线的贯彻实施。

3. 立足我国的现实状况，着眼未来发展

（1）立足我国的现实状况，设置思想政治理论课的教学内容。改革开放以来，我国生产力水平有了很大提高，综合国力达到可观程度，社会发展接近小康水平。然而总体来说，我国人口多、底子薄，地区发展不平衡、生产力不发达的状况没有从根本上得到改变，我国社会主义社会现在仍然处于并将长期处于社会主义初级阶段。思想政治理论课教学在内容安排上必须让大学生认清这一客观事实：虽然我国现代化建设已取得举世瞩目的伟大成就，但是，我国生产力水平还远远落后于发达国家。我国必须在社会主义条件下经历一个相当长的历史阶段，去实现发达国家用了两三百年才实现的工业化和经济的社会化、市场化、现代化。思想政治理论课的教学内容要立足于我国现实状况，进而帮助学生清醒地认识自己肩负的国家富强、民族振兴的重任，使他们以国家富强、民族昌盛为己任，珍惜每一刻时间，把握每一个机会，发奋读书，立志成才，做社会主义现代化事业的建设者和接班人。

（2）着眼未来发展趋势，设置思想政治理论课教学内容。未来社会将比今天更进步、更文明，这是历史发展的必然。当今世界文明的进步首先表现在科学技术的迅猛发展上。世界科技发展速度惊人，新的技术不断地涌现，并影响着人类的生活。克隆技术的成功、人体染色体的人工合成，将会产生深远的和难以估量的社会经济影响。社会实践证明，当今科技的发展不仅是经济增长的决定因素，而且影响着我国的综合国力和社会经济结构以及人民的生活水平，并改变着人们认识客观世界的手段、方式和能力，以致对哲学、社会科学也带来巨大的冲击。高校思想政治理论课必须让大学生深知，未来的科技发展神速，未来的社会千变万化，要使中华民族自立于世界民族之林，不但要具有高度发达的科学技术，而且要具备高度发达的思维创造能力。人们的意识在适应形势发展的同时，还要对未来的发展做出前瞻性的预测，否则于国于己都是不利的。教育要面向未来，教育要从现代化建设、当今世界的特点及未来的发展趋势出发，培养大批合格人才。高校思想政治理论课教学亦是如此，思想政治理论课教学内容的设置要面向未来、面向现代化，必须着眼于知识经济的发展，以战略眼光重新审视思想政治理论课的教学目标和人才培养模式，把专业教育与普通教育、科学教育与人文教育、理论教育与科学研究及社会实践结合起来，提高大学生的学习、就业、工作转化和创业能力，使大学生不仅学会“做事”，还要学会“做人”，学会“生存”。

4. 从大学生的思想实际出发

伴随着对外开放和经济体制改革的不断深化，社会的政治、经济、文化生活发生了翻天覆地的变化，个体的发展空间得以大幅度地扩大。大学生思想活跃，博览群书。面对日趋激烈的社会竞争，他们学会了更加崇尚求真务实。通过各种形式深入工厂、农村、城镇等社会生活的各个领域，了解社会的政治、经济、文化及人们生活的发展状况，亲身实践，力求从思想上、行动上赶上时代的步伐。能者多劳，真正体现按劳分配的经济法则教会了当代大学生更注重知识的学习和能力的培养，注重自我价值、自我设计的实现，以便在未来的市场竞争中确立自己的支点。这时如果仍按过去一成不变的思想政治理论内容和方法进行教育，脱离市场经济条件下大学生关注的热点，会引起学生的轻视甚至反感。只有从大学生的思想实际出发，从大学生的切身利益出发，建立在大学生关注热点基础上的思想政治理论教育教学才会受到大学生的欢迎，也才能达到思想政治理论教学的目的。

变化的时代要求高校思想政治理论教学内容要增强针对性，即教学内容要反映国内外的重大现实问题以及大学生的思想和实际问题，从大学生的思想实际和切身利益出发，及时充实和调整思想政治理论教育内容体系，在继承传统教育内容精华的同时，体现出新时期对大学生素质的新要求，注意增加一些具有大学生个体特殊性，有效缓解其思想矛盾、心理冲突、情感困惑等问题的相关内容，进而促进大学生成长、成才、成就、成功。

（二）当代大学生思想政治理论课的主要内容

新时期高校思想政治理论课的主要内容包括马克思主义教育，基本国情和形势与政策教育，党的基本理论与基本经验教育，世界观、人生观和价值观教育，道德观和法制观教育以及历史观教育等。

1. 马克思主义教育

高校思想政治理论课的马克思主义教育包括马克思主义立场教育、马克思主义的观点和方法教育等。

（1）马克思主义立场教育。在当前社会主义市场经济条件下，马克思主义立场教育主要是用马克思主义占领高校思想政治理论课程教学的阵地，坚定社会主义信念。

马克思主义是无产阶级和人民群众的思想武器，是无产阶级和人民群众利益的代表者。这种鲜明的党性和阶级性使我们在思想政治理论课程教学中始终不能丢弃这个武器，在纷杂多变的社会生活中要始终坚持用马克思主义占领思想阵地，把巩固发展社会主义意识形态的任务落到实处。要坚持不懈地对干部群众进行马克思主义基本理论的教育，旗帜鲜明地同各种错误思潮做斗争。

在社会主义初级阶段，马克思主义与反马克思主义、唯物主义与唯心主义、无神论与有神论、科学与伪科学的斗争将是长期的、复杂的，有时是很激烈的。在思想理论领域，对事关政治原则、政治方向的问题，必须旗帜鲜明、立场坚定、分清是非，对于反马克思主义、唯心主义、有神论、伪科学等错误的东西，绝不能听之任之，绝不允许这些错误的东西与我们争夺群众、争夺思想阵地。我们要密切关注社会政治方向，分析各种错误思潮形成、传播、蔓延的现象，不断提高我们的政治敏锐性和鉴别力，坚决同各种错误思潮和封建迷信、伪科学等社会丑恶现象做斗争。要见微知著、防微杜渐，把问题解决在萌芽状态，绝不让其自由泛滥。

在当前和今后一个相当长的时期，我们要把坚定社会主义信念作为一个紧迫、重大的问题加以解决，应当充分肯定社会主义已经取得的历史成就，全面认识中华民族的伟大复兴与社会主义的胜利前景之间的关系，看到社会主义必然胜利的光辉前景。因此，我们有理由坚信社会主义的前途是无比广阔的，坚定社会主义信念是非常必要的。

（2）马克思主义的观点和方法教育。辩证唯物主义和历史唯物主义的世界观是马克思主义的观点集中体现。而用这种观点看待事物、分析和解决问题，就是方法论。在此，观点与方法是高度统一的。进行马克思主义观点和方法的教育，当前最重要的是树立辩证思维的观念，教育学生辩证地看待传统观念，教育学生辩证地看待新出现的观念，教育学生辩证地看待外来观念，教育学生辩证地否定旧观念、肯定新观念，克服主观性、片面性、随意性。在思想政治理论课程教学中，帮助学生端正各种思想认识，实现思想政治理论课程教学的观念创新。

在思想政治理论课程教学中，无论是对旧观念的否定还是对新观念的肯定，都切忌绝对化。应当看到，新观念与旧观念虽有质的区别，但有着千丝万缕的联系。旧观念中包含着对新观念形成有积极意义的东西，新观念也有可能转化成旧观念。因此，只有运用辩证思维的方法，科学地去粗取精、去伪存真，才能实现观念的创新。

2. 基本国情和形势与政策教育

形势政策教育，不但历来是党的思想政治理论课教学的一个重要内容，而且是我党思想政治理论课教学的优良传统。形势教育主要包括国内形势教育和国际形势教育。形势教育可以使人们学会正确地认识和分析形势，正确理解党的路线、方针、政策，坚决完成党和国家的各项任务，增强对社会主义事业的信心。而政策是实现党的路线的行动准则，是党的一切实际工作的出发点。政策教育可以使人们在社会生产、社会生活的实践中，做到更加理性、心中有数、自觉地与党和政府保持一致。

（1）当前基本国情和形势教育。我们要持有一种辩证的态度来看待当前的基本国情和形势。既不能妄自尊大、盲目乐观，又不能悲观失望、缺乏信心。改革开放以来，由于我国经济实力的迅速增强，国内和国际面临的形势总体上是好的：我国人均国民生产总值年递增率连续快速增长，GDP从整体上已经达到小康水平；我国从人口大国正在向人力资源大国转变；经济体制转轨与社会结构的转型同时进行，使中国实现了跨越式的发展；经济全球化的影响已渗透到我国的生产、流通、金融、能源以及各种服务业，越来越成为影响中国经济社会生活的一种特殊力量。

然而，当前中国经济社会的发展也存在一些难题："发展中不平衡、不协调、不可持续问题依然突出，科技创新能力不强，产业结构不合理，农业基础依然薄弱，资源环境约束加剧，制约科学发展的体制机制障碍较多，深化改革开放和转变经济发展方式任务艰巨；城乡区域发展差距和居民收入分配差距依然较大；社会矛盾明显增多，教育、就业、社会保障、医疗、住房、生态环境、食品药品安全、社会治安、执法司法等关系群众切身利益的问题较多，部分群众生活比较困难；一些领域道德失范、诚信缺失；一些干部领导科学发展能力不强，一些基层党组织软弱涣散，少数党员干部理想信念动摇、宗旨意识淡薄，形式主义、官僚主义问题突出，奢侈浪费现象严重；一些领域消极腐败现象易发多发，反腐败斗争形势依然严峻。对这些困难和问题，我们必须高度重视，进一步认真加以解决。"

（2）当前相关政策教育

第一，坚持以经济建设为中心，通过发展来解决人们在发展中遇到的各种困难和矛盾。当前，各种困难和矛盾归根结底都是由于发展不足和发展不平衡所致。在这样一个全球化的时代里，对于我们有着 14 亿多人口的大国来说，人民群众物质与文化生活的需求是远远得不到满足的。因此，只有发展才是硬道理，只有发展才能从根本上应对各种困难和矛盾。

第二，坚持"以人为本"，树立全面、协调、可持续的科学发展观，做到"五个统筹"。在改革发展中，坚持在经济增长的同时使人民群众的生活水平得到不断提高，坚持让绝大多数人能够分享到改革发展的实惠，这是改革发展能够继续顺利进行的最重要的基础。

第三，在发展中注意化解新的利益和价值冲突。我国在发展中所出现的新的社会矛盾总体上还都属于利益格局的调整问题，属于人民内部矛盾。目前，市场化的过程带来了价值观的碰撞和冲突，因不同的地域、社会阶层、年龄段等问题对一些社会的重要价值认同方面都出现了较大的差异，这将成为未来社会矛盾的深层影响因素。所以，利益的协调和价值的整合是我们化解社会矛盾必须同时注意的两个方面。

第四，坚持和改善党的领导。"新形势下，党面临的执政考验、改革开放考验、市场经济考验、外部环境考验是长期的、复杂的、严峻的。精神懈怠危险、能力不足危险、脱离群众危险、消极腐败危险更加尖锐地摆在全党面前。不断提高党的领导水平和执政水平，提高拒腐防变和抵御风险能力，是党巩固执政地位、实现执政使命必须解决好的重大课题。全党要增强紧迫感和责任感，牢牢把握加强党的执政能力建设、先进性和纯洁性建设这条主线，坚持解放思想、改革创新，坚持党要管党、从严治党，全面加强党的思想建设、组织建设、作风建设、反腐倡廉建设、制度建设，增强自我净化、自我完善、自我革新、自我提高能力，建设学习型、服务型、创新型的马克思主义执政党，确保党始终成为中国特色社会主义事业的坚强领导核心。"

3. 党的基本理论和基本经验教育

（1）党的基本理论教育。现阶段，中国共产党的基本理论是马克思列宁主义、毛泽东思想、邓小平理论、“三个代表”重要思想、科学发展观、习近平新时代中国特色社会主义思想。它们是我们党必须长期坚持的指导思想。马克思列宁主义、毛泽东思想是中国共产党人探求真理、指引中国人民从旧制度下解放出来并获得新生的思想武器。

进入21世纪，我们党自身的状况发生了许多变化，党的建设遇到了许多新问题。“三个代表”重要思想正是立足于我们党的实际情况，着眼于解决党的建设遇到的新问题而提出来的。“三个代表”重要思想的基本内容是：中国共产党始终代表中国先进生产力的发展要求，始终代表中国先进文化的前进方向，始终代表中国最广大人民的根本利益。“‘三个代表’重要思想是面向21世纪的中国化的马克思主义，是新世纪新阶段全党全国人民继往开来、与时俱进，实现全面建设小康社会宏伟目标的根本指针。”“‘三个代表’重要思想的本质是立党为公、执政为民。兴起学习贯彻‘三个代表’重要思想新高潮，根本目的就是要推动全党更好地带领人民群众把中国特色社会主义事业推向前进。”贯彻“三个代表”重要思想，关键在坚持与时俱进，核心在坚持党的先进性，本质在坚持执政为民。将“三个代表”重要思想同马克思列宁主义、毛泽东思想、邓小平理论一起确立为党必须长期坚持的指导思想，是党的十六大的历史贡献，是我党指导思想上的又一个历史性飞跃。

（2）党的基本经验教育。党的领导在中国特色社会主义建设的实践中，励精图治、与时俱进，积累了宝贵的经验。党的十八大把这些基本经验加以高度地总结：坚持以马克思列宁主义、毛泽东思想、邓小平理论、习近平新时代中国特色社会主义思想为指导，勇于推进实践基础上的理论创新，围绕坚持和发展中国特色社会主义提出一系列紧密相连、相互贯通的新思想、新观点、新论断，形成和贯彻了科学发展观。“……必须把科学发展观贯彻到我国现代化建设全过程、体现到党的建设各方面。全党必须更加自觉地把推动经济社会发展作为深入贯彻落实科学发展观的第一要义，牢牢扭住经济建设这个中心，坚持聚精会神搞建设、一心一意谋发展，着力把握发展规律、创新发展理念、破解发展难题，深入实施科教兴国战略、人才强国战略、可持续发展战略，加快形成符合科学发展观要求的发展方式和发展机制，不断解放和发展社会生产力，不断实现科学发展、和谐发展、和平发展，为坚持和发展中国特色社会主义打下牢固基础。必须更加自觉地把‘以人为本’，作为深入贯彻落实科学发展观的核心立场，始终把实现好、维护好最广大人民的根本利益作为党和国家一切工作的出发点和落脚点，尊重人民首创精神，保障人民各项权益，不断实现发展成果由人民共享、促进人的全面发展上取得新成效。必须更加自觉地把‘全面协调可持续’作为深入贯彻落实科学发展观的基本要求，全面落实经济建设、政治建设、文化建设、社会建设、生态文明建设五位一体总体布局，促进现代化建设各方面相协调，促进生产关系与生产力、上层建筑与经济基础相协调，不断开拓生产发展、生活富裕、生态良好的文明发展道路。必须更加自觉地把统筹兼顾作为深入贯彻落实社会主义核心价值观的根本方法，坚持一切从实际出发，正确认识和妥善处理中国特色社会主义事业中的重大关系，统筹改革发展稳定、内政外交国防、治党治国治军各方面工作，统筹城乡发展、区域发展、经济社会发展、人与自然和谐发展、国内外发展和对外开放，统筹各方面利益关系，充分调动各方面积极性，努力形成全体人民各尽所能、各得其所、和谐相处的局面。”

以上经验是党领导人民在中国特色社会主义建设实践中艰辛探索得出来的结论，是我们党的一笔宝贵政治财富。我们相信，只要牢牢记住这些宝贵的经验并认真实践，一百年不动摇，我们就能在治党、治军、治国中稳操胜券，永远立于不败之地。

4. 世界观、人生观和价值观教育

（1）世界观的教育。世界观是人们对整个世界总的看法和根本观点。随着在改造客观世界的实践活动中，对客观世界认识的不断增加和知识的不断积累，人们就会形成对世界总的看法，形成一定的世界观。世界观形成以后，又会支配着人们的认识和行动。但人们在日常生活实践中自发形成的世界观往往是不系统的，是缺乏理论论证的，且有正误之分。当然，正确的世界观可以指导人们进行正确的实践，从而对社会发展起促进作用；而错误的世界观，则与之相反。因而思想政治理论课教学的一个重要任务，就是要以科学、系统的世界观武装人们的头脑，使人们在改造世界的过程中，减少盲目性，增强自觉性。

马克思主义世界观是科学、系统的世界观，是迄今为止总结人类已有的思想成果、反映世界的本质面目和发展规律，指导人们能动地改造自然和社会，并被实践所反复证明的世界观。用马克思主义世界观教育我国公民，是当前社会主义市场经济下思想政治理论课教学的基本任务之一。

（2）人生观的教育。人们对人生基本问题的根本观点就是人生观。它以人生为对象，是人们对人生意义、人生目的和人生价值的理解和看法。在社会生活中，作为有理性的社会动物的人都会有自己对人生的体验和理解，都会对自身境遇和命运进行思考，并在这些体验和思考的基础上形成对生活的根本看法和总的观点。人们在生活实践中自发形成的人生观也往往是凌乱、不系统、缺乏科学论证的。此外，人生观是人们所处的一定历史条件和社会关系相结合的产物，是人们的社会生活的反映，所以社会生活实践不同人们的现实人生观也会大大的不同。当然，现实的人生观也有积极进取和消极颓废之分、有科学成熟和荒谬幼稚之分。这就需要我们进行人生观教育，帮助人们在形形色色的人生观中分辨真伪，引导人们走上正确的人生之路。

现阶段，高校思想政治理论课教育对大学生进行人生观教育，应着重帮助他们厘清个人与社会的关系、贡献与索取的关系和理想与现实的关系。

（3）价值观教育。价值观是指人们对实际存在和可能存在的主客体之间的价值关系、主体的价值创造活动及其结果的性质和意义在头脑中的反映，以及由此形成的比较确定的心理和行为取向或心理和行为定式。它是人们在一定环境中所产生的动机、目的、需要和情感意志的综合体现。价值观一旦形成，就会对人们的认识和实践活动产生能动的反作用。人们的一切社会行为和活动方式，都受到各自的价值观的规范和调节，人们的认识和实践活动，都是在一定的价值观的指导下，追求一定的价值实现。

社会主义市场经济存在着多种经济成分和多种利益主体。因而不可避免地存在着多元价值观和价值取向。对此，我们要有清醒的认识并施以正确的价值观的引导。当前，高校思想政治理论课教育中大学生进行的价值观教育要着重要抓好义利观教育、荣辱观教育、苦乐观教育、生死观教育等方面。

“中国特色社会主义事业是面向未来的事业，需要一代又一代有志青年继续奋斗。全党都要关注青年、关心青年、关爱青年，倾听青年心声，鼓励青年成长，支持青年创业。广大青年要积极响应党的号召，树立正确的世界观、人生观、价值观，永远热爱我们伟大的祖国，永远热爱我们伟大的人民，永远热爱我们伟大的中华民族，投身中国特色社会主义伟大事业中，让青春焕发出绚丽的光彩。”

5. 道德观和法制观教育

道德观是在一定社会条件下人们关于道德问题的基本认识和观点。道德作为一种社会意识形态是一定历史条件的产物，是一定社会存在的反映。作为人们共同生活准则和规范综合的道德一旦形成，便会对社会生活产生重大的影响，对经济的发展和政权的巩固具有巨大的反作用。道德是社会生活中的每个公民所必需的，党中央颁布的《公民道德建设实施纲要》正是从建设社会主义精神文明的高度来提高公民素质、培养公民应有的道德意识和道德责任感提上议事日程。当前，我们要在全社会中提倡和贯彻“爱国守法、明礼诚信、团结友善、勤俭自强、敬业奉献”的公民基本道德规范，弘扬振兴优秀的中华民族精神，引导人们努力攀登道德的更高阶梯，用共产主义道德武装全党和全国人民。

法制观教育是指人们对统治阶级所制定的各种法律制度的基本认识和看法。法制是一定统治阶级根据自己的意志，通过政权机关而建立起来的，它包括法律的制定、执行和遵守。法制一旦建立，就具有权威性、强制性，要求所有公民服从和遵守。因此，进行法制观念的教育是思想政治理论课教学的一项重要内容。

6. 历史观教育

历史是一面镜子。古人云:“以铜为鉴，可以正衣冠;以人为鉴，可以明得失;以史为鉴，可以知兴替。”这里的“史”包括我国的历史和世界各国的历史。历史记录、积淀着人类的知识和智慧，承载着人类文化的进步与发展，是人类文明得以不断前进的前提。世界各国政府无不重视自己的国家史、民族史的研究和教育。重视历史，以史为鉴，积极弘扬民族的文化遗产以促进社会的进步，这是中华民族的优良传统。历史教育主要就是历史观的教育，所以高校思想政治理论课教育中的历史观教育，必须充分认识到，思想政治理论课程中各门课程的整体性和体系性特征，各门课程从不同的侧面和方向，殊途同归，共同达到同一个目的。高校曾开设的各种与中国近现代史有关的课程主要从革命史和党史的视角向青年学生展现中国近现代史的发展主线，具有明确的意识形态的政治导向。中国近现代史教育的重要作用之一就是帮助青年学生正确地认识现实。

第二节　当代大学生思想政治理论课的教学要求

一、理论联系实际

（一）理论联系实际的含义

高校思想政治理论课坚持理论联系实际，包括两层含义：一是在课堂教学环节，教师把基本理论与客观实际联系起来，使学生真正理解和掌握基本理论，并能够运用基本理论分析和解决实际问题；二是在实践教学环节，既要坚持用发展着的马克思主义武装大学生的头脑，又要坚持以丰富的实践培育大学生，保证大学生成长为中国特色社会主义事业的合格建设者和可靠接班人，即坚持理论武装与实践教育的统一。

（二）理论联系实际的基本要求

由于思想政治理论课本身的特点和所要实现的教学目标的特殊性，这一要求的运用尤为重要，可以避免教学中教条化、公式化的倾向，能否运用和恰当运用该要求直接决定着思想政治理论课程能否实现教学目标。

1. 联系理论本身形成、发展的实际

在思想政治理论课教学中，首先要使学生理解基本理论形成、发展的过程，而不是空中楼阁。当教师教授基本理论时，要把理论产生的背景，包括时代背景、社会背景、理论创立者的背景等交代清楚，这可以使学生有一种真切地回到理论所产生的实际中的感觉，容易引发学生思考。

2. 联系学生的实际

因材施教是任何教学都要遵循的一般性教学原则。所谓因材施教，即对不同的教育对象提出不同的要求，采用不同的教育方法，也就是根据“材”的实际进行一定的教育。就思想政治理论课程教学而言，就是要联系学生的实际，根据学生的实际情况有针对性地进行教学。

第一，联系学生的实际要了解学生的实际，包括了解学生的专业实际、了解学生的生活实际、了解学生的知识水平和认识能力、了解学生的思想实际、了解学生的个性差异，等等。

第二，思想政治理论课程是高校每个专业的必修课程，了解学生的专业实际，要尽量多地了解一些该专业的情况，以便列举贴近学生专业实际的例子，这样学生对相关教学内容的理解就更有亲切感，更易体会教学内容的现实价值，更易接纳相关的理论观点。

第三，了解学生的生活实际，教师就要考虑到每个专业、每个班级往往都是来自全国各地的学生，个人经历、家庭背景不同，生活习惯存在差异，但都是住集体宿舍，吃公共食堂，生活自理。教师要把握好这些差异和共同点，教学才能更加有的放矢。

3. 联系教师的实际

思想政治理论课理论联系实际的效果如何，主要取决于教师。联系哪些实际、怎样联系实际都由教师决定。只有同时做到以理服人和以情感人，学生才会心甘情愿地接受。联系教师的实际就是联系教师在“理”和“情”两方面的实际。教师自身要明理，掌握真理，信仰真理，同时对于教学要有真实的情感投入。只有真正信仰真理，情感才会自然地流露出来，这种情感是无法伪装的。

4. 联系社会的实际

联系社会的实际包括联系以往的社会实际和当下的社会实际。联系以往的社会实际即联系历史，包括联系世界历史和中国历史。联系当下的社会实际即联系当代世界的形势和中国的现实国情，重点应放在联系党的路线方针政策、联系改革开放和社会主义现代化建设，尤其要联系重大现实问题，包括很多敏感问题、热点问题。

要联系历史，是因为思想政治理论课教学要经常用到比较分析和历史分析。有比较才有鉴别，马克思主义理论也是如此。因此，教师不能把视野仅仅局限在马克思主义体系内，要放开眼界，把马克思主义放到整个人类的历史长河中，通过与其他理论的比较或者证伪其他理论，才能证明马克思主义的科学性。要联系现实，是因为现实就是大学生现在和将来学习、生活、工作的大背景。世界多极化和经济全球化的趋势在曲折中发展，科技革命日新月异，综合国力竞争日趋激烈。大学生面临大量西方文化思潮和价值观念的冲击，受某些腐朽没落的生活方式的严重影响。随着我国对外开放的不断扩大，社会主义市场经济深入发展，社会生活发生了很大的变化：社会经济成分、组织形式、就业方式、利益关系和分配方式日益多样化，人们思想活动的独立性、选择性、多变性和差异性日益增强。这些都是高校思想政治理论课无法回避的问题，必须进行认真而深入地研究，才能做到从实际出发、理论联系实际，对大学生的思想困惑给予现实的、有价值的解答。

二、坚持政治性与科学性的统一

（一）高校思想政治理论课的政治性与科学性

高校思想政治理论课的政治性是指课程的政治指向性。在高等学校开设思想政治理论课的目的就是对大学生进行思想政治教育，使大学生具备适应社会发展的思想政治品德，其核心目标就是政治素质目标，即通过提高学生的政治意识和政治觉悟，增强学生的政治敏锐性和政治判断力，使其热爱党，热爱祖国，热爱社会主义，拥护党的路线方针政策，认同邓小平理论、“三个代表”重要思想、科学发展观和习近平新时代中国特色社会主义思想，坚定走中国特色社会主义道路的信念，坚定实现全面建成小康社会宏伟目标的信心。

思想政治理论课的科学性是指课程所内涵的真理性、规律性。就课程教学而言，其科学性包括教学内容的科学、教学方式方法的科学及教师队伍的科学。其中，教师队伍的科学是指教师队伍年龄结构、学历结构以及每位教师的知识结构要合理。

政治性与科学性的统一，是由思想政治理论课的特殊性决定的，即思想政治理论课强烈的政治性与显著的科学性要求必须坚持两方面的统一，且与高校的培养目标是一致的；政治性与科学性的统一，是优化教学效果的必然选择。

（二）坚持政治性与科学性统一的要求

1. 始终坚持马克思列宁主义、毛泽东思想、邓小平理论、“三个代表”重要思想、科学发展观，全面贯彻习近平新时代中国特色社会主义思想在高校思想政治理论课程教学中的指导地位，马克思列宁主义、毛泽东思想、邓小平理论、“三个代表”重要思想、科学发展观，全面贯彻习近平新时代中国特色社会主义思想是我们立党立国的根本指导思想，是被实践证明了的指引中国革命和建设事业胜利前进的正确的指导思想，是全党全国人民团结奋斗的共同思想基础和精神动力。实践证明，把马克思主义基本原理与中国具体实践相结合，我们的革命和建设事业就发展顺利，不断取得成功；一旦偏离或背离了马克思主义，把马克思主义教条化或者否定、放弃马克思主义，不能把马克思主义基本原理与中国具体实践相结合，我们的革命和建设事业就会遭到挫折和失败。坚持以马克思列宁主义、马克思列宁主义、毛泽东思想、邓小平理论、“三个代表”重要思想、科学发展观，全面贯彻习近平新时代中国特色社会主义思想为指导，就是要保持教学正确的政治方向，即坚定社会主义和共产主义方向，以理想信念教育为核心，深入进行正确的世界观、人生观和价值观教育。

2. 科学的方法与科学的内容紧密结合

高校思想政治理论课的主要教学内容是马克思主义基本理论。马克思主义基本理论本身具有科学性和政治性。这是思想政治理论课的一个天然优势，但这并不意味着只要给学生讲清基本理论或者只要把教材讲透，就能做到政治性与科学性的统一。在教学中，必须时刻注意兼顾政治性与科学性，这并不容易做到，所以，选择好教学方式方法非常重要。没有好的教学方式方法，科学的内容也无法顺利地传授给学生。只有通过恰当的教学方式方法进行教学，才能达到政治性与科学性的统一，才能使学生高质量地理解和掌握相应的教学内容。

3. 培养和造就兼具较高思想政治素质和较高理论水平的教师队伍

高校思想政治理论课教师是马克思主义理论和党的路线、方针、政策的宣讲者，是社会主义意识形态和精神文明的传播者，必须是坚定的马克思主义者，在事关政治原则、政治立场和政治方向问题上必须与党中央保持一致，只有这样，才能让大学生健康成长的指导者和引路人。这就要求思想政治理论课教师必须同时具备较高的思想政治素质和理论水平。

三、坚持方向性、思想性与科学性相统一

方向性体现了思想政治理论课鲜明的阶级性和党性，以及明确的目的性特征；思想性体现了思想政治理论课教学重视人的精神价值和精神动力，注重思想观念对人们行为的主导作用，着眼于对大学生进行世界观、人生观、价值观教育，坚持把理想信念教育作为核心内容；科学性体现了思想政治理论课教学在指导思想上、内容上和方法论上的真理性、正确性，为实践所验证，能经受历史的考验，真正做到以科学的理论武装人、以科学的方法培养人。

思想政治理论课教学的方向性、思想性与科学性的统一，是其本身所具有的内在统一，而并非人为地“结合”；思想政治理论课教学的方向性、思想性与科学性的内在统一还可以从其真理性与价值性的内在统一中得到验证；思想政治理论课教学坚持方向性、思想性与科学性相统一，符合思想政治理论课教学的基本宗旨和中央对思想政治理论课教学的基本要求及有关规定；思想政治理论课教学要坚持方向性、思想性与科学性相统一的原则，就要充分体现马克思主义理论的科学性和鲜明的时代性特征，充分体现对马克思主义既坚持又不断发展创新的科学态度。

四、坚持传授知识与思想教育相统一

（一）坚持传授知识与思想教育统一的含义

思想政治理论课程不仅承担着传播一定的科学文化知识的任务，还承担着对大学生进行思想教育的任务。坚持传授知识与思想教育的统一，就是在教学过程中使学生掌握一定的理论知识的同时，对学生进行思想教育，提高学生的思想道德修养和政治觉悟。传授知识与思想教育是有机统一的。若是单纯地传授知识，就不能解决学生的各种思想问题，也就不能提高学生的思想觉悟。若是单纯地进行思想教育，陷入空洞的说教，不但因缺乏说服力解决不了问题，也满足不了学生强烈的求知欲望。

（二）坚持传授知识与思想教育统一的要求

1. 教师要提高对思想教育重要性的认识

在教学中，教师居于主导地位，直接实施教学活动。教学能否坚持传授知识与思想教育的统一，关键在于教师。思想教育相对于知识教育来说，有其自身的特点，知识教育是要让学生“了解”“知道”所教授的内容；而思想教育则涉及学生的内心世界，通过影响学生内心世界的活动，触发其思想转变、认识提高。从这个意义上说，绝不能把思想政治理论课理解为普通的知识课程，而部分教师把思想政治理论课看成是纯粹的知识课程，授课过程知识化，这是不对的。每一位思想政治理论课教师都应明确思想政治理论课绝不是单纯地教授理论知识，而是要同时提高学生的思想觉悟和认识水平。

2. 理论教育与学生的思想认识问题紧密联系

进行理论教学与澄清学生的思想认识问题应有机结合。学生的思想认识问题分两种情况：一种是学生中普遍存在的思想认识问题，另一种是个别学生的思想认识问题。学生中普遍存在的思想认识问题，一般是学生普遍关注的问题，学生对问题认识模糊、片面或错误。教师在教学中注意观察学生的课堂反应，就很容易发现这类问题。这类问题尽量在课堂上即时解决，可以达到事半功倍的效果。教师通过课堂问答、讨论或集体活动等途径，可能会发现个别学生的思想认识问题，可通过课间或其他时间的个别交流解决。这种交流可以说是课堂教学的一种延续而非单纯的人际交流。

3. 科学评价西方文化思潮和价值观念

随着经济全球化趋势的不断发展，各国的经济、贸易交往范围不断扩大；与此同时，不同文化的交流也日益增多。随着互联网的普及，信息的全球共享成为现实，文化间的交流更加便捷、频繁。这种交流有时是主动的、有计划的，有时是被动的、不可控的。在思想政治理论课教学中，教师要认真地对待西方思潮和价值观念。简单地肯定或否定一切显然不是马克思主义的科学态度，但绝不能不加分析，纯客观地介绍和传播西方文化思潮和价值观念。要结合有关教学内容运用马克思主义的立场、观点、方法进行分析，对于错误的方面要立场鲜明地给予批判。这有利于学生克服错误思潮和错误价值观念的影响，提高学生抵制错误理论观点和错误价值观念影响的能力，同时也能促进学生对有关教学内容的理解，并逐步学会用马克思主义的立场、观点、方法分析问题。

五、坚持面向全体、分层施教与继续教育相结合

坚持面向全体、分层施教与继续教育相结合是思想政治理论课教学正确处理整体性教育与局部性教育、普遍性教育与特殊性教育、连续性教育与阶段性教育关系的要求。

“面向全体”要求思想政治理论课要对我国各高校的全体大学生开课，进行普遍的马克思主义理论、思想道德、法律基础等方面的教育。“分层施教”要求思想政治理论课教学要针对不同专业、不同年级、不同层次、不同学历大学生的特点，实施不同的教学计划方案，在教学内容、学时上提出不同的要求，并采取不同的教学形式和方法。“分层施教”还要求思想政治理论课教学既要层次分明、循序渐进，又要注意阶段间的衔接和连续发展。

继续教育是指对已经从学校毕业的学生、成人和在职人员的教育。随着社会的发展和科学文化知识更新速度的加快，人们对所受教育的要求也随之不断提高。人们只有不断接受教育，不断“充电”，才能适应社会发展和自身发展的需要。

面向全体与分层施教相结合符合共性与个性、普遍与特殊、统一性与多样性的对立统一规律，也符合德育的全面性、针对性要求。加强马克思主义理论和思想道德修养，是提高一个人文明素质的重要方面。

总之，不管是普遍性与特殊性的统一，还是教育的全民性与针对性的统一，都说明了

面向全体与分层施教相结合的必要性与合理性。而把二者与继续教育相结合，则是从更为广义的角度，扩展了普遍性与特殊性的统一、共性与个性的统一规律在思想政治理论课教学中的指导意义。

第三节　当代大学生思想政治理论课教学的新发展

一、开放性教学

在经济全球化的时代背景下，为了进一步落实教育部关于高校思想政治理论课“05”方案，增强思想政治理论课教学的针对性和实效性，经过多年的探索和创新，构建了“以学生为本”的高校思想政治理论课开放性教学新模式。

（一）大学生思想政治理论课开放性教学的基本内容

高校思想政治理论课开放性教学的内容十分丰富，它是由开放性教学诸方面、开放性教学诸环节、开放性教学诸环境等要素构成的有机整体。思想政治理论课开放式教学的基本内容包括以下三个层面。

1. 思想政治理论课教学诸方面的开放性

思想政治理论课教学诸方面的开放性主要包括以下内容：

第一，教学主体的开放性。教学主体有指导主体与学习主体两个方面。教师是指导主体，学生是学习主体。传统的封闭式教学模式，片面地强调教师的主体性，忽视了学生的主体性，抑制了学生学习的积极性、主动性和创造性。“以学生为本”的开放式教学模式则承认教师与学生的双重主体性，并认为学生的主体地位更为基础，把教师的主导作用与学生的主体作用有机结合起来，有利于提高学生学习的积极性、主动性和创造性。

第二，教学内容的开放性。在传统的封闭式教学模式里，思想政治理论课的教学内容僵化，不能和时代同步发展，理论往往落后于实践，致使教学内容缺乏时代感和现实针对性。开放式教学模式要求教学内容必须面向现代化、面向世界、面向未来，紧密关注国内外形势和党的方针政策的新变化，及时吸收马克思主义中国化的最新理论成果，使教学内容具有时代感和现实性。

第三，教学形式的开放性。传统的封闭性教学模式通常采用单一的课堂讲授教学形式，缺乏吸引力和感染力。开放性教学模式要求课堂教学与实践教学相结合、校内主课堂与校外第二课堂相结合、“请进来”与“走出去”相结合、教师讲授与学生发言相结合，采取灵活多样的教学方法和现代化教学手段，有利于增强教学的吸引力和感染力。

2. 思想政治理论课教学诸环节的开放性

思想政治理论课教学诸环节的开放性主要表现在以下方面：

第一，教学准备的开放性。过去由主讲教师单方面进行教学准备，教学计划、教学大纲很难充分反映学生的实际情况。实施开放性教学，要求教师采取问卷调查和座谈会等形式，了解学生的实际情况与学习要求，让学生代表参与教学计划和教学大纲的制定。

第二，教学过程的开放性。鼓励学生提问、发言、演讲或参与辩论，提高学生参与教学过程的主动性和创造性。

第三，教学管理的开放性。吸收学生参与教学管理，形成以学生自我管理为基础，教务部门、学生工作部门、思想政治理论课教学部门齐抓共管的综合管理体系。

第四，考核考试的开放性。建立教师考核与学生自我考核相结合、期末考核与平时考核相结合、理论考试与实践考核相结合、知识考试与能力考核相结合、闭卷考试与开卷考试相结合的综合考核体系。

第五，教学评价的开放性。建立教师自我评价、专家评价、学生评价、社会评价“四结合”的评价体系，以全面评价思想政治理论课教师教学的质量和效果。

3. 思想政治理论课教学环境的开放性

开放性教学模式是一个开放性系统，必须创建一个良好的环境，才能增强思想政治理论课的实效性。

第一，要创建一个和谐的国际关系与和谐的国内社会环境，克服各种不和谐的因素，为思想政治理论课教学提供良好的社会氛围。

第二，要创建一个健康的校园文化环境，加强社会主义核心价值体系的宣传，以科学的理论武装人，以正确的舆论引导人，以高尚的精神塑造人，以优秀的作品鼓舞人，为思想政治理论课教学创造健康的校园文化氛围。

第三，要创建一个科学的制度环境。加强高校思想政治工作的制度建设，推进弹性学分制，建立有效的激励机制，保证高校思想政治理论课的健康发展。

第四，要营造良好的网络环境。要坚持社会主义核心价值体系，加强网络文化建设和管理；要积极建设思想政治理论课教学信息资源网站，多渠道开发和运用思想政治理论课教学信息资源，并坚持教学信息资源的开放性，做到教学信息资源库的共建共享。

总体来说，高校思想政治理论课开放性教学就是由上述三大基本要素构成的有机整体。这三大基本要素之间是辩证统一、不可分割的。

（二）大学生思想政治理论课开放性教学的特点

1. 人本性

“人本性”，是相对“物本性”“神本性”而言的。“以人为本”，强调人的价值高于物的价值和神的价值。从价值论视角看，坚持“以人为本”，强调人的价值的至上性。马克思主义坚持以最广大人民即绝大多数人为本，坚持以解放全人类，促进每一个人自由全面发展为最终目标。高校思想政治理论课开放性教学是以马克思主义“人本论”为理论基础的。高校思想政治理论课不同于一般的专业课程，它的主要任务是培养大学生的思想政治素质，加强大学生的主体性，这就决定了它必须坚持马克思主义的“人本论”。高校思想政治理论课开放性教学的“人本性”，主要体现在三个方面:第一，体现在它把“以学生为本”作为核心理念。“以学生为本”这一理念是构建高校思想政治理论课开放性教学的理论基石，是贯穿这一教学模式的中心线索，是渗透于这一教学模式的精神灵魂，是决定这一教学模式性质的精神实质。第二，高校思想政治理论课开放性教学的“人本性”体现为教学方法的人本性。它要求思想政治理论课教师在教学中要关心学生、爱护学生、尊重学生、体贴学生、帮助学生、引导学生，而不能压制学生，更不能打骂学生、贬低学生、伤害学生。第三，高校思想政治理论课开放性教学的“人本性”还体现在教学目的上是为了满足学生的精神文化需求，促进学生全面发展。

2. 科学性

“科学”与“人本”是两种不同的价值取向，科学的价值取向是求真，人本则是求善；科学属于合规律性，人本属于合目的性。高校思想政治理论课开放性教学新模式不仅具有人本性，而且具有科学性，是求善与求真的统一、合目的性与合规律性的统一。高校思想政治理论课开放性教学具有科学性主要是因为它是以科学理论为依据、以科学实践为基础、以科学精神为指导，运用科学方法构建起来的。

第一，高校思想政治理论课开放性教学是在坚持科学立场的基础上建构起来的。科学立场即实事求是的辩证唯物主义立场。高校思想政治理论课开放性教学是建立在科学立场上的。它要求我们在思想政治理论课教学中，坚持一切从实际出发，按客观的教学规律办事，实事求是，做到“不唯书、不唯上，要唯实”。

第二，高校思想政治理论课开放性教学是以科学理论为依据的。马克思主义理论是人类历史上最科学的世界观和方法论，是追求真理、探索真理，揭示客观规律的行动指南。高校思想政治理论课开放性教学就是以马克思主义为理论基础，马克思主义关于“以人为本”的思想是“以学生为本”这一新的教学理念的哲学基础。马克思主义既是科学的世界观，又是科学的方法论。高校思想政治理论课开放性教学就是以马克思主义为指导，运用马克思主义的科学方法论建构起来的。高校思想政治理论课开放性教学不仅以马克思主义为理论基础，而且批判地吸收了现代西方教学理论中的合理成分，如人本主义教学论、建构主义教学论等都为思想政治理论课开放性教学提供了科学的理论依据。

第三，高校思想政治理论课开放性教学是一个完整的科学体系。它由“一个核心理念”与“三个基本要素”构成，层次清楚、逻辑严密，具有系统整体性特征。离开了系统整体性，就不能成为一个科学体系。高校思想政治理论课开放性教学新模式是一个有机的整体，“一个核心理念”与“三个基本要素”有机结合、缺一不可。

第四，高校思想政治理论课开放性教学采用了科学方法。高校思想政治理论课开放性教学运用了马克思主义的科学方法论。唯物辩证法是分析问题和解决问题的最一般的科学方法论。这一教学模式正确处理了教师指导主体与学生学习主体的辩证关系、科学性与人本性的辩证关系、教学管理与人文关怀的辩证关系、校园内部环境与外部环境的辩证关系、传统教学手段与现代教学手段的辩证关系、传承科学文化与创新科学文化的辩证关系、传统思维方式与创新思维方式的辩证关系，充分体现了唯物辩证法的思维方法。此外，还采用了现代科学方法，如系统科学方法、创新科学方法等。

3. 和谐性

“科学性”的价值取向是“求真”，“人本性”的价值取向是“求善”，“和谐性”的价值取向是“求美”。高校思想政治理论课开放性教学的“科学性”“人本性”“和谐性”等特点，体现了其价值取向的多样统一性，实现了“真、善、美”的有机统一。高校思想政治理论课开放性教学具有和谐性的特点，主要体现在以下方面：

第一，教学主体的和谐。教师是“教”的主体，学生是“学”的主体。在开放性教学过程中师生是完全平等的，教师坚持“以学生为本”，学生对教师十分尊重，师生之间互教互学、相互关心、相互爱护、相互帮助、相互理解，这样就形成了和谐的师生关系。只有形成和谐的主体关系，才能有效地开展开放性教学。

第二，教学内容的和谐。高校思想政治理论课目前是“4+1”的课程体系，即马克思主义基本原理概论、毛泽东思想和中国特色社会主义理论概论、中国近现代史纲要、思想道德修养和法律基础以及形势与政策教育。各门课程之间要协调统一，避免矛盾冲突，每一门课程的教学内容都要体现和谐性，各章节之间既要避免重复性，又要避免矛盾冲突。教材内容与新增教学内容要和谐统一，既要以教育为基础，又要吸收本学科研究的前沿成果，在和谐的基础上实现教学内容创新。

第三，教学内容与教学形式之间的和谐。高校思想政治理论课的教学内容是多样的，不同的教学内容应当采取不同的教学形式。唯物辩证法认为，内容决定形式，形式为内容服务。这就要求我们根据教学内容的特点选择与之相适应的教学形式。比如，“中国近现代史纲要”的教学内容具有历史性特点，这就要求我们采取历史事件专题式、历史名胜参观式等教学形式来进行教学，这样，可以增强学生的兴趣，提高教学效果。

第四，教学方法与手段的和谐。开放性教学的方法具有灵活性，各教学方法要协调统一。要做到教师讲授与学生发言的协调统一、理论教学与实践教学的协调统一、专题式讲解与研究型教学的协调统一、课堂理论教学与课外文化活动的协调统一、传统教学手段与现代教学手段的协调统一。通过教学方法与手段的和谐统一，增强思想政治理论课教学的吸引力和感染力，提高教学的艺术性。

第五，教学实践与教学环境之间的和谐。思想政治理论课教师要认真研究和分析国际国内形势、社会环境、校园环境、网络环境及其对大学生的思想影响，调查研究大学生和社会公众普遍关注的热点、难点问题，通过课堂教学有针对性地加以解释，加强教学的现实针对性和实效性。

二、实践教学

（一）大学生思想政治理论课实践教学的基本内涵

顾名思义，实践教学应是一种教学活动，实践则是达到教学目标的途径和手段。在这一教学过程中，因为实践环节凸显，学生学习的积极性和主动性被充分调动起来，学生不再是教学内容的被动接受者，而是教学活动的积极参与者。这里可以把思想政治理论课实践教学界定为：思想政治理论课实践教学是把理论与实际、课堂与社会、学习与研究紧密联系起来，培养学生联系实际思考问题、运用理论分析问题、自主研究解决问题等实践能力的多种教学方式的总和。

高校思想政治理论课实践教学又不同于一般的实践活动，与一般的实践活动相比，尽管思想政治理论课实践教学具有实践活动的某些特征和形式，但在本质上不同于一般的实践活动。就目的而言，一般实践活动是改造客观世界、实现客体价值的客观活动，而思想政治理论课实践教学则是为传授马克思主义基本原理等方面的知识，以改造主观世界为目的，又旨在优化主体能力和素质。它是一种现实性活动，本质上，思想政治理论课实践教学仍然是一种教学活动，只不过是一种实践化、应用化的教学活动。

对高校思想政治理论课实践教学的理解，需要强调以下几点：

第一，从形式上去理解，高校思想政治理论课实践教学可以分为狭义和广义两种。狭义的思想政治理论课实践教学是指利用社会实践等空间组织的教学活动。广义的思想政治理论课实践教学指的是除了理论教学之外的所有与实践有关的教学，它可以体现在课堂教学之中，也可以体现在课堂教学之外，尤其是体现在课堂教学之外。

第二，思想政治理论课实践教学是培养学生运用理论观察社会、认识社会、思考人生这一实践能力的一个环节，它与其他大学课程一样需要科学的规划和系统的培养。作为大学生的必修课，思想政治理论课的教学目的、教学方式都必须符合教育教学规律，它的政治功能必然是在规范的教育功能实现的基础上才能实现。就如同各个专业有一个课程体系一样，思想政治理论的各门课程也构成了一个相互关联的课程体系，共同实现对学生进行马克思主义理论与思想政治教育的目标。那么，培养学生运用马克思主义理论分析问题、解决问题的实践能力，也应该像专业学生的实习、实验、学位论文、毕业论文一样，是检验培养目标的一个重要环节。

第三，思想政治理论课实践教学不能简单地等同于思想政治理论课实践性环节，而是实践性学习与研究性学习并重的课程。思想政治理论课实践教学是以思想政治理论课学科理论为基础和载体的，这就决定了思想政治理论课实践教学除具有本身固有的实践性学习特点外，还具有研究性学习的特点。目前，高校思想政治理论课主要包括中国近现代史纲要、马克思主义基本原理概论、毛泽东思想和中国特色社会主义理论概论、思想道德修养与法律基础、形势与政策教育等课程。它们作为高校课程体系的一部分，既强调理论性，也强调实践性；既强调认知性，也强调活动性；既重视大学生的理论修养，也重视大学生的品德修养。思想政治理论课实践教学所强调的研究性学习与实践性学习并重的学习方式，主要是指学生在实践过程中，以类似科学研究的方式去主动获取并综合运用知识，内化有关政治理论和道德知识，培养发现问题、分析问题、解决问题的能力，树立科学的世界观、人生观和价值观。

第四，从教学目的去理解，高校思想政治理论课实践教学可以分为以思想教育为主、以服务社会为主和以培养能力为主的思想政治理论课实践教学。

（二）大学生思想政治理论课实践教学的特点

1. 目标性

思想政治理论课实践教学目标是指在一定的条件和环境下，人们对思想政治理论课实践教学活动所期望达到的效果。实践教学目标要服务于高校思想政治理论课的总目标，即把大学生培养成中国特色社会主义事业的建设者和接班人。思想政治理论课实践教学的目标包括以下几个方面：

（1）教育目标。此处专指高校思想政治理论课实践教学的“育人”功能，即寓教于行、以行育人，让学生在实践生活中认识社会、认识人生、接受教育、学会做人。在实践中，引导学生深入思考，运用辩证的方法分析各种问题，从而加深对马克思主义基本理论的理解，提高对党和国家方针、政策的认识，促进科学的世界观、人生观和价值观的树立，增强培养良好道德品质的自觉性，并引导学生正确面对“应该做什么，不应该做什么”“做什么样的人，怎样做好这样的人”的问题。比如思想政治理论课实践教学就是要让学生认识到劳动是光荣的、实践是有益的、为人民服务是崇高而神圣的，并进而认识到我们的人生价值只有把自己的前途和命运与祖国及人民的前途和命运联系起来才能实现。

（2）能力目标。能力目标是指实践教学活动在帮助大学生完成从书本到现实、从理论到实践的飞跃的同时，使大学生在各个方面都能够得到较好的锻炼和提高。在实践教学活动中，要充分依靠和发挥大学生的力量，让他们参与实践活动的策划、准备和组织，从而达到锻炼、提高大学生创新能力和组织管理能力的目的。通过参观访问、社会调查等实践活动，培养大学生观察问题、分析问题的能力；通过撰写调查报告或研究论文，来提高学生的写作能力和开拓进取的精神；通过开展各种社会公益活动和社区服务活动，引导大学生走出校门，到基层去、到工农群众中去。这样不仅可以帮助大学生认识社会、认识人生，而且可以帮助大学生解决知行不一致的问题，使大学生在实践过程中不断增强把认知转化为行为的能力。

（3）政治素质目标。政治素质目标是指通过实践教学把大学生培养成中国特色社会主义事业的建设者和接班人。思想政治理论课实践教学活动能够引导大学生去探究现实社会中的各种现象和问题，并且运用所学理论去分析这些现象和问题，提出解决问题的办法，使大学生在探讨、研究各种现象和问题的过程中，坚定社会主义信念，明辨是非，不断完善自我，从而提高自己的思想政治素质，健康成长为中国特色社会主义事业的建设者和接班人。

2. 自主性

高校思想政治理论课实践教学打破了传统课堂教学形式注入式的强制性，更强调活动主体的自主性，强调学生的主体地位和主观能动性。思想政治理论课实践教学活动中教师大多数情况下是一种协助式、筹划式、组织式的教学，学生在教师的指导下自主组织安排实践教学活动。学生可以根据自己的能力水平、兴趣爱好、专业特长等自主选择活动项目，确定自身角色，自觉、自愿参与其中。这体现了学生不仅是教育教学的对象，而且是学习的主体，是有思想、有感情的主体。

3. 针对性

思想政治理论课实践教学是提高思想政治理论教学效果和提高学生运用理论观察问题、解决问题能力的重要手段，必须要紧紧围绕课堂教学的理论内容来设计和开展。因此，实践内容的选择一定要有针对性：一是理论基础要有时代性。在课堂教学中，要整合、调整、充实思想政治理论课的教学内容，更多地融入反应时代呼唤和要求的重要内容，跟上社会发展的步伐。二是实践内容要有现实性。实践的内容要紧扣时代主题，紧密联系现实社会和改革开放成果方面的热点问题。三是要考虑不同学生的要求。实践的内容要考虑不同专业、不同年级的学生要求。

4. 参与性

高校思想政治理论课实践教学将深刻的理论思维与鲜活的感性体验相结合，通过强烈的现场参与感可以触发和增强理论思维的兴奋点，而不是“空洞”的说教。思想政治理论课实践教学具有内容上的直观性和对象上的互动性。思想政治理论课教学的内容、形式及取材不再是刻板艰涩的概念、判断、推理等逻辑形式和逻辑演绎，而是活生生的事实、图像和景观，以及真切实在的亲身体验，这种教学形式可以达到思想理论教育“润物细无声”的理想教学境界。思想政治理论课实践教学突出学生的参与性，彻底改变了学生被动接受的学习地位，使其积极主动地融入甚至决定主导整个教学环节，充分弘扬现代教育所要求的学生主体地位，体现现代教育发展的趋势。

（三）大学生思想政治理论课实践教学的实施

高校思想政治理论课实践教学是大学生了解社会、服务社会、增长才干、形成正确的社会认知和世界观、人生观、价值观不可或缺的活动过程。思想政治理论课教师要顺利开展实践教学活动，通常需要通过以下几个环节来实施。

1. 制订可行的实践教学方案，精心策划选题

思想政治理论课实践教学一定要注意坚持练习教学内容的实际，做到有的放矢。因此，必须在学生开展社会实践前制订可行的教学方案，精心策划好社会实践的选题。学生一般根据选题来确定相应的社会实践内容和方式，当然，也可以根据当地的实践教学资源来确定相应的社会实践选题。选题一定要主题突出，可以根据当前国内外的热点问题以及关系

老百姓和学生实际的问题来确定，也可以根据学生专业、年级的不同来确定，如医学类专业可以适当突出医药类的选题。同时，选题也要有系统性，可以根据不同的内容对选题分门别类，集中汇编在学生实践手册上，供学生选择和参考，让学生结合实际和现实进行调研，撰写调研报告。否则，很容易会使学生陷入盲目性，使实践流于形式，难以达到思想政治理论课实践教学的目的。

2. 严格培训，加强指导

大学生往往缺乏进行调查研究的能力，因此在学生实践前，教师要组织学生进行必要的培训，让学生了解思想政治理论课实践教学的目的和要求。在培训中，重点指导学生如何具体进行校外假期社会实践，特别是如何开展社会调查和社会服务，如怎样选择调查和服务类型、怎样联系调查和服务对象、怎样实地开展调查活动、怎样解决遇到的困难和问题、怎样撰写调查报告等。为使培训取得效果，教师要向学生介绍思想政治理论课实践教学大纲，编发实践手册、选题汇编、调查报告写法、注意事项等辅助材料。

3. 建立严格的思想政治理论课实践教学评估考核机制

构建合理的实践教学综合评估考核体系是确保实践教学实效性的重要环节。这既包括对教师实践教学的考核评估，又包括对学生实践的考核评价。对教师的实践教学进行考核评估，主要是考评教学计划是否科学、是否得到贯彻实施、教师是否及时总结每次实践教学经验、教学组织是否到位、教学效果是否明显，其中涉及教师工作量的考核。教师工作量应参照专业课教师指导学生实习及批改实习论文的标准计算，按照教师指导学生实践的情况和指导学生的班级数计算相应的工作量来进行综合考评。对学生实践的考评主要包括学生参加实践教学的态度、学生在实践活动过程中的表现、学生实践成果水平的考核。建立规范、合理、客观、系统、多元的实践教学考评体系并严格考核，是促进教师认真教学、学生认真参加实践，确保思想政治理论课实践教学实效性的重要环节和手段。

4. 及时总结，表彰先进

要使思想政治理论课实践教学真正取得效果，不能让学生上交一篇调研报告后就结束。必须及时进行总结，评选优秀调查报告，对优秀学生进行表彰，以激励学生参与实践的热情和积极性。学生上交调查报告以后，教师必须根据考核要求，及时对调查报告进行认真、公正的评审，并写出评审意见。同时，选出一定数量的优秀调查报告汇编成册，作为思想政治理论课实践教学的成果，甚至那些真实可靠的优秀调查报告进行适当的修改后，推荐到相关报纸、杂志上发表。调查报告评审完后，应及时召开总结表彰大会。在会上，可以先由教师对整个社会实践的各个环节进行总结，对学生的调查报告进行点评，然后由学生发言，畅谈社会实践的心得和体会，互相交流经验，最后对优秀学生和优秀调查报告进行表彰奖励。

总之，在高校思想政治理论课实践教学开展之前制定周详的教学方案，在实践活动之中有精心的组织和深入细致的指导，在学生实践活动之后有客观公正的总结、评价和奖励，是思想政治理论课实践教学活动开展的重要环节，是确保高校思想政治理论课实践教学实效性的重要途径和手段。

三、案例教学

（一）案例教学的含义和基本特征

案例教学是以案例为基本教育信息载体，以教师引导学生分析案例（教师主导、学生主体式学教并举）为主要教学结构理念，以突显学生的主体地位，提高学生分析和解决实际问题的综合能力为首要目标的一种教学组织形式。案例教学具有以下基本特征：

第一，案例教学以案例为基本教育信息载体。这是案例教学与传统教学方式的最大区别。传统教学方式往往以固定的教科书为基本教育信息载体，学习的内容往往是各学科领域中比较稳定的、公认的知识与结论。案例教学由教师根据具体教学内容和教学目标的需要，选编对某一实际情境进行客观描述的案例作为学习材料。学生在案例学习中的活动主要围绕案例来进行，通过对案例的分析与讨论达到学习目的。

第二，案例教学要凸显学生的主体地位。尽管在传统教学方式中，我们也强调发挥学生的主体作用，但往往是教师以权威的姿态呈现信息，学生接受、理解、记忆信息，学生的主体地位体现不够明显。案例教学则凸显了学生的主体地位。案例教学的典型特征是学生学习的主动性、参与性。在案例教学中，为了解决案例内隐或外显的问题，学生需要独立搜索、查找、阅读、理解和分析资料，获取信息，提炼观点。学生在案例教学中要比传统教学方式下承担更大的学习责任，学生的学习积极性、主动性和创造性能够得到充分和有效的发挥。

第三，案例教学以教师引导学生分析案例为主要教学结构理念。在传统教学方式中，教学过程更多的是教育信息从教育者向学习者的单向传递，是由教师根据教学目标的要求，选定合适的教育信息，通过讲解或其他言语教育方式将公认的、客观而稳定的知识、技能、思想、观念等传递给学生。案例教学与此不同，案例教学的主要教学形式是教师引导学生分析案例。在案例教学中，教师依然是重要的信息源，但教师所发挥的作用主要是启发和促进意义的建构，即依靠自己丰富的经验和对学科知识的宏观把握与理解，为学生提供分析与讨论案例的方法和策略上的指导。当学生遇到困难时，教师不直接告知其答案，而是引导学生自主查找、理解和选择信息，求得问题的解决。在案例教学中，教师的角色不再是预定知识的传递者，也不再是提供问题答案的源泉，而是学生学习的向导、组织者与促进者。

（二）大学生思想政治理论课案例教学的特性

作为一门理论性较强的学科，思想政治理论课进行案例教学除了具有同其他学科案例教学相同之处以外，还有与其他学科案例教学不同的特性。这些特性主要表现为以下几个方面：

第一，在案例教学的宗旨和目的上，高等学校思想政治理论课是大学生思想政治教育的主渠道，是帮助大学生树立正确的世界观、人生观、价值观的重要途径，体现了社会主义大学的本质要求。思想政治理论课案例教学作为一种教学组织形式，必然要服务于这一教学宗旨和目的。而具体学科的案例教学是通过提供各种典型的过程案例，一方面使学生联系实际掌握所学的知识点，并能灵活运用；另一方面培养学生在书本知识以外的实践经验和实际工作能力。

第二，在教学案例的选择上，思想政治理论课教学案例的覆盖面相当广泛，包括自然界、人类社会和思维等各领域的案例，要根据需要进行选取。这对教师的案例甄选能力提出了更高的要求。而具体学科则是依据其教学内容在具体领域中选择各种类型的案例，用于扩大学生的知识面，培养学生的应用能力和工作适应能力。

第三，在案例教学的应用范围方面，一些具体学科的案例教学已作为该学科教学的主要手段和方法，运用得非常普遍。美国的哈佛商学院工商管理专业 90% 的课程运用案例教学。案例教学法已成为全世界工商管理界认同的法则。但由于思想政治理论课教学内容大多是概念、规律、范畴、论据和论述过程，并不适合全面采用案例教学，需要根据具体内容酌情安排。在思想政治理论课案例教学时，一般要选择核心问题、重点问题、关键问题引入典型案例，起到画龙点睛的作用；此外，还需要穿插讲解相关的教学内容，并通过学生的阅读和理解来实现全部教学内容的完成。

（三）大学生思想政治理论课教学案例的甄选

案例的选择是案例教学的首要任务。案例的质量直接决定了案例教学的效果。经典的教学案例有助于提高思想政治理论教学的针对性和实效性，案例选择不当则可能使思想政治理论课误入歧途。因此，经典教学案例，是成功实施案例教学的先决条件。在选择案例的过程中，要特别注意以下几方面：

第一，所选案例应与教学内容相一致。运用案例教学的目的是更好地实现教学目标，增强教学效果。因此，所选案例不能脱离教学内容。教学案例必须和教材内容紧密联系，并力求突出教学重点与难点。教师在备课时要注意搜集、整理与教材内容相关的案例，然后加以筛选。将那些与授课联系最密切的典型案例进行认真整理，反复推敲，以供上课使用。在选择案例时，要明确此次案例教学要达到什么样的目的、解决什么样的问题，做到心中要有数，防止无的放矢。如果将那些与教学内容联系不太密切的案例应用到课堂上，不但无助于学生掌握教学内容，而且浪费了学生宝贵的学习时间，甚至可能将学生带入迷途。因此，在选择案例时，教师要反复斟酌、再三推敲。不合适的案例坚决不用，不能说明教学内容的案例无论怎样生动都不能采用。

第二，所选案例应具有典型性。教学案例的典型性即代表性。案例应具有典型意义，应反映代表政治理论的普遍性，避免因案例不够典型而误导学生以偏概全地推出伪科学。同时，案例要能明确表示主要原理和规律。因为如果案例与其要揭示的思想政治理论间对应关系不明显，就会使学生在分析、讨论案例时走弯路，甚至步入思维误区，难以在短暂的课堂时间内掌握主干知识。对典型案例的理解和分析，有助于学生掌握基本理论、基本方法和原则，有助于拓展学生的思维，提高他们分析问题和解决问题的能力。

第三，所选案例应具有启发性。案例教学的目的在于开发学生的智力，培养学生分析问题、解决问题的能力。因此所选案例应蕴含一定的实际问题，突出启发性，能给学生留下一定的思考空间，促使学生广泛地思考问题。学生必须经过认真分析和思考，才能够对案例中的问题做出解释和处理。具有启发性和探究性的教学案例，有助于锻炼和提升学生的思维能力，使学生在掌握政治理论的同时，形成积极的学习态度。

第四，选择案例应注意时效性。所谓时效性，是指所选案例应紧扣时代主题，体现时代的新鲜内容，触及社会发展中最前沿的问题，贴近当代大学生的思想实际。这样的案例更容易引起学生的兴趣和关注。

四、反思性教学

（一）反思性教学的含义

顾名思义，反思即自我省察、回顾的意思。就是行为主体对自身既往行为及相关理念自觉进行换位思考的认识活动和探究活动。反思的指向主要是过去的意识和行为，具有价值评判的性质。事实上，“反思”一词本身就含有“反省”“内省”之意，从本质上来说就是一种批判性思维，即通过对自己的思想、自己的心理感受等的思考，审视、分析当前的认识活动。教学中反思的内涵是立足于教师自身之外，是对教师自身的教学思维和行为的一种批判。反思的目的既是为了回顾过去或培养反思的意识，更是为了指导即将在未来进行的教学活动和教学实践。反思不仅是内隐的思维活动，而且是外显的实践行为，联系着思维和行动两头，确保反思的结果能够在教学实践中得到检验。高校思想政治理论课反思性教学，就是在思想政治理论课教学实践过程中，教师对自身的教学行为不断地进行反思的一种行为，是对教学行为和教学过程进行批判的、有意识的分析与再认知的过程。它需要教师在教学实践活动中积极关注自身的教学行为和具体的教育情境，以开放的心态接纳不同的观点，从多个角度积极思考问题、研究教学活动，并对自己的选择与行动负责。

（二）大学生思想政治理论课反思性教学的特点

反思性教学和传统教学相比，主要有以下几个方面的特点：

1. 目的明确性

反思性教学是教师对自身教学活动的元思维过程，是一种目的明确的研究过程。从直接层面上说，是对自身教学过程中教什么、怎样教和为什么这样教的省察和反思。从更深层次上说，是对自身的师德修养、教学理念、师生关系等的理智化的暗示、假设、推理和检验。因此，反思性教学的目的在于有效解决教学中的问题并提高教学质量，它首先关注教学的目标和结果是否有效达到，是否具有明确目的。

2. 科学探究性

探究即探讨和研究，是人们认识、理解和改造周围世界的重要方式。反思性教学观是建立在现代教学理论基础上的科学教学观，基本观点与传统消极学习观相对立。它以探究和解决教学基本问题为基本点，从而具有探究的性质。另外，反思是在回忆或回顾已有的心理活动的基础上找到其中的问题以及答案，也就是从自己活动的经历中探究其中的问题和答案，重构自己的理解，激活个人的智慧；不仅解决问题，更注重学习创造性与主体性的人格培养，并以此作为反思性教学的主要目的。

3. 思维批判性

反思性教学强调教师对教学行为的积极思考与批判分析，反对机械地灌输和简单的重复。同时它又是探究取向的，要求教师以批判的眼光看待教学中出现的问题，并善于通过积极的探究寻求问题的答案。通过对教学实践的反思，教师自觉地对自身已有的教学活动，以及教学活动中所涉及的相关因素进行持续的、批判性的审视、思考、探究和改进，从而调节并改善自身的师德品质，不断提高教学能力和教学质量。从实质上说，反思思维是批判性思维，经常批判性地、反复深入地思考问题，知识结构就会进一步完善、牢固，思路会更开阔、更灵活，见解会更深刻、更新颖。学生在批判中学习，教师在批判中教育，善于思考、勤于探究，从而使自己更加睿智和成熟。

4. 对话合作性

反思性教学的主体包括教师个人与集体、学生、专业研究人员。教师个人与集体、学生、专业研究人员是实施反思性教学的三个核心要素，构成了反思性教学的四位一体关系。教师个人的自我反思、教师同行间和师生间的合作对话、专业研究人员的专业引领以及全员跟踪推进，是实施反思性教学的四种基本力量，缺一不可。反思性教学是一种群体反思活动，在强调师生之间在课堂上的双向反思探索活动之外，还要求教师之间、教师与专业人员之间在课前、课后进行群体性的交往与沟通，反思教学中存在的各种教学问题，探讨问题解决的方法、途径，以利于教学实践的日趋合理。

5. 实践操作性

反思性教学以解决问题为基点，立足于教学实践行动中客观存在的真实问题，得益于行动研究的实践运用。反思性教学过程中的行动研究是实践和反思相结合的研究。它基于教学实践，将教学理论与教学实践联系在一起，直接指导教学实践，使得特定情境中的教学实践者能够对自己的教学情境有真正的理解，并做出明智而谨慎的决定。因此，反思性教学通过行动研究的运用，更加重视教学的实践操作性；同时，也追求教学实践的合理性，这必然要求反思后的新的教学假设和新的教学改进也要经过实践检验。

（三）大学生思想政治理论课反思性教学的具体应用

反思性教学与常规教学相比具有许多优势和特色，然而，反思性教学在思想政治理论课中的应用还属于“新生事物”，在应用中还会遇到这样或那样的问题和挑战，需要注意从以下几个方面来加强反思性教学：

1. 将教师主导作用和学生主体地位相统一

反思性教学的目的主要有“学会教学”和“学会学习”两个方面，因此，要充分发挥教师的主导作用和学生的主体地位，实现教与学的统一。反思性教学过程既是知识的传递过程，也是知识的生成、创新的过程。教师和学生在知识的生成过程中是平等的主体，教师的职能由教转为导，教师不再是单纯的知识传播者，而是学生学习的组织者、促进者、辅导者，师生应形成一个“学习共同体”。教师不仅要指导学生学会通过各种渠道占有知识、储存知识，更要引导学生学会选择、判断、运用、创造知识，保证学生的学习朝着正确的方向前进。将学生置于课堂的中心位置，教师要深入学生中间，创设师生之间、学生与学生之间平等、和谐的民主学习氛围，树立起民主平等、相互信赖的关系，以平等的身份参与教学，发挥学生的学习积极性。在教学过程中教师要面向全体学生，给他们以主动参与教学活动及表现、发展能力的机会，在与同学、老师之间的观点和思想的交流中促使学生反省、反思，调动学生的情感、兴趣、意志等非智力因素，让学生在问题的情境中发现问题、提出问题、解决问题，教师只是给予学生系统的学法指导。

2. 加强对信息收集处理的指导

思想政治理论课属于人文学科，有综合性、多样性的特点。其教学内容与社会生活息息相关。每一个置身于社会生活之中的人，都会对各种社会现象形成自发的、朴素的认识。当前，世界经济全球化和政治格局多元化，国内多种经济成分和多种分配方式并存，伴随而来的是社会分化为多种利益群体和不同阶层，社会组织形式多样化、生活方式多样化、就业岗位和就业方式多样化。这些社会存在反映到社会意识中，就表现为价值取向的多元化。来自社会现象的各种信息以及教学主体的价值观念多元化，都是丰富的教学资源。教师要加强信息收集处理的指导，提高学生的思考、诘问、评判、创新知识的能力，提升学生智慧和张扬学生的个性，以实现教学实践的合理性。

信息的途径有很多：既有物力的，如教科书、博物馆、遗址、纪念馆、文化馆、自然和人文景观等；也有人力的，如教师、学生、家长等。既有校内的，如图书馆、教室、实验室等；也有校外的，如展览馆、博物馆、历史遗迹、现代化新农村等。既有显性的，如教科书、文献、网络、图片、录像、影视作品等；也有隐性的，如爱国精神、献身精神、奉献精神、教师的反馈、学生的反馈等。教师要引导学生走出教科书，走出课堂和学校，开阔学生视野，吸收大量丰富的信息，可以有效地克服以往思想政治理论课课堂信息狭隘的局限性，提高教学效率。同时，教师如果能指导学生将这些信息资源去粗取精、去伪存真，由表及里、由此及彼，收集、筛选、比较、确定，很好地加以利用与开发，对高校思想政治理论课反思性教学是大有裨益的。

3. 注意加强对结论多样性的保护

反思性教学要求教师学会促进以学习能力为重心的学生整体个性的和谐健康发展。这就要求教师要与学生真诚地沟通，尊重学生的人格，营造民主、平等、开放的氛围，让学生畅所欲言，保护结论的多样性。一是要承认学生的独立思考和探索是有意义的。二是学生对教师的观点提出质疑，发表不同的看法时，教师要清醒地意识到这是学生生命自主意识积极活动的表现，应加以鼓励和表扬，不要认为是对自己的不尊重而予以严厉批评。三是要解放学生的思想，给学生提供积极的个性化思考和自主探索的时间和空间。

4. 教师要注重自身素质的提高

课堂教学是一门遗憾的艺术。一堂课很难做到十全十美，即使课前精心准备、深思熟虑，课上运筹帷幄、精彩纷呈，但是课下细细琢磨，总会有令人感到遗憾、需要急于弥补之处。科学、有效地反思可以减少遗憾。反思性教学是教师专业发展和自我成长的重要途径。在教学中，教师要不断反思教学的观念。反思性教学的本质是一个提出问题—探讨研究—解决问题的过程。教师以问题为情境，自觉地把自己的课堂教学实践作为认识对象，进行全面、深入、冷静的思考，再通过体会、感想、启示等形式进行总结，经常反思，多思则活，思活则深，思深则透，思透则新，思新则进，不断形成自我反省的意识和自我监控的能力，不断丰富自我素养，提升自我发展能力，由教书匠发展为教育家、研究者，逐步完善教学艺术。

参考文献

[1] 崔付荣 . 新时代大学生思想政治教育创新发展研究 [M]. 北京：新华出版社，2018.

[2] 戴丽红 . 当代大学生思想政治教育创新探索 [M]. 成都：电子科技大学出版社，2016.

[3] 董晓蕾 . 大学生思想政治教育方法的理论与实践研究 [M]. 北京：北京师范大学出版社，2018.

[4] 胡在东，宋珊，杨文 . 大学生思想政治教育模式与方法创新 [M]. 北京：九州出版社，2018.

[5] 黄慧琳 . 高校大学生思想政治教育与创新能力培养探索 [M]. 成都：电子科技大学出版社，2017.

[6] 简冬秋，孟广普 . 大学生思想政治教育方法新论 [M]. 沈阳：辽海出版社，2019.

[7] 刘便花 . 高校大学生思想政治教育创新与实践研究 [M]. 北京：国家行政学院出版社，2017.

[8] 史庆伟 . 大学生思想政治教育管理与实践研究 [M]. 天津：天津教育出版社，2015.

[9] 王楠 . 大学生思想政治教育创新研究 [M]. 延吉：延边大学出版社，2017.

[10] 徐建军 . 大学生网络思想政治教育理论与方法 [M]. 北京：人民出版社，2010.

[11] 闫晓静 . 大学生思想政治教育创新研究 [M]. 成都：电子科技大学出版社，2017.

[12] 周成军 . 大学生思想政治教育与创新创业 [M]. 北京：光明日报出版社，2016.